학교 가는 길이 너무 멀어

다정한 하루 1_장애

학교 가는 길이 너무 멀어

글 백정연 ★ 그림 김규택

다정한시민

차례

프롤로그 6

⭐ 다르지만, 다르지 않아
장애인과 비장애인, 바른 표현을 기억해 12
우리 모두는 고유하고 특별해 14
장애인에 대한 호기심이 나쁜 걸까? 17
장애인과 친구가 되는 것은 어렵지 않아 21
- 우리는 모두 똑같은 사람이야 23

⭐ 발달 장애를 가진 사람들
지적 장애와 자폐성 장애는 어떻게 다를까? 26
때로는 불편하게 때로는 사랑스럽게 30
모든 행동에는 나름의 이유가 있다 32
쉬운 정보로 누리는 보통의 일상 36
- 친구의 말투나 행동을 놀리지 않아 41

⭐ 휠체어로 어디든 갈 수 있다면
이동할 자유, 이동할 권리 44
함께한다는 것의 진짜 의미는? 48
모두가 함께 누릴 수 있는 공간 51
- 휠체어 사용자의 이동을 우선 배려해 55

⭐ 보이지 않아도, 들리지 않아도
시각 장애인을 위한 한글 '훈맹정음' 58
입말 대신 손말 '수어' 62
다양한 감각으로 소통할 수 있다고? 66
- 여러 방법으로 소통할 수 있어 71

☆ 장애인의 권리를 어떻게 지킬까?
4월 20일은 무슨 날일까? 74
우리를 숫자로 나누지 말라! 78
평범한 집에서 보통의 일상을 살 권리 82
- 장애인을 위한 제도에 관심을 가져 87

☆ 장애가 있어도 살기 좋은 사회
학교 가는 길이 너무 멀어 90
장애인이 편한 사회는 모두가 편한 사회 93
부모 없이 잘 살고 싶다 96
왜 선진국일수록 장애인이 많을까? 99
- 장애가 있어도 살기 좋은 사회, 함께 만들 수 있어 105

★ 저, 질문 있어요!
장애인은 태어날 때부터 장애를 가졌나요? 108
장애인은 불편한 몸으로 어떻게 생활하나요? 111
장애를 가졌으니 일하기 어렵나요? 114
발달 장애인도 성인이 되면 똑같이 투표를 하나요? 117
장애인에 대한 편견을 어떻게 없앨 수 있을까요? 120

프롤로그

　장애인을 만난 적이 있나요? 저의 경험을 떠올린다면, 처음 사회 복지사로 일을 시작했을 때는 일터 밖에서는 장애인을 만나기 어려웠어요. 집에 있는 장애인을 찾아가서 만나거나, 제가 일하는 복지관에서 만나는 정도였죠. 그런데 지금은 길을 걷다가도, 지하철 안에서도, 쇼핑하러 들른 백화점에서도 가끔은 만난답니다. 왜 달라졌을까요?

　저는 장애인이 갈 수 있는 곳이 많아지고, 집을 나와 어딘가를 가야 할 이유가 생겼기 때문이라고 생각해요. 예전에는 집이나 시설 안에서만 주로 생활하던 장애인이 언제부턴가 집에만 있지 않고 학교도 가고, 일도 하고, 친구도 만나는 보통의 일상을 보내는 것이죠. 우리나라가 장애인이 살기 좋은 나라가 되었냐고요? 결론부터 이야기하면 우리나라는 장애인이 살기 편한 나라는 아니에요. 예전에 비해 좋아지긴 했지만, 매우 느린 속도로 좋아지고 있어요. 아직도 휠체어를 탄 사람이 낯선 곳을 가는 일은 비장애인에 비해 많은 노력과 시간이 필요합니다.

저는 주변에 장애를 가진 사람이 많이 있습니다. 남편은 휠체어를 사용하는 척수 장애인이고, 저를 누나, 언니라고 부르며 따르는 발달 장애인 동생들도 있죠. 가끔 만나는 친목 모임 중에는 비장애인보다 장애인이 많은 모임도 있어요. 장애를 가진 사람과 일상을 보내는 일은 특별하지 않아요. 똑같이 맛있는 것을 먹고, 요새 재밌게 보는 드라마 이야기도 나누고, 벚꽃이 예쁘게 핀 봄에는 함께 벚꽃 구경도 가지요.

이 책에는 다양한 모습의 장애인에 대한 이야기가 담겨 있습니다. 다시 물을게요. 장애인을 만난 적이 있나요? 천천히 떠올려 보면 여러분의 학교 친구, 동네 이웃 중에도 장애인이 있을 거예요. 조금은 다른 방식으로 걷고, 다른 방식으로 말하고, 다른 방식으로 생각하고 표현하는 사람들. 장애인은 비장애인과 다른 모습을 가졌지만 특별하지 않은 보통의 일상을 보내는, 어쩌면 많이 닮은 사람이기도 해요. 지금까지 장애인에게 관심이 없었을 수도 있지만, 장애인의 일상을 들여다보면 내가 어떤 이웃으로, 어떤 시민으로 함께 살아야 할지 생각하고 준비할 수 있는 시간이 될 거라 생각해요. 제가 그랬듯 장애인을 알고 이해하게 되면, 조금 더 바르고 다정한 사람이 된 자신을 발견할 수 있을 거예요.

 저는 남편과 식탁에 마주 앉아 저녁을 먹을 때면, 오늘 하루를 어떻게 보냈는지 이야기를 나눠요. 출퇴근길에 있었던 일부터 점심에는 무엇을 먹었는지, 사소한 일상을 나누다 보면 남편의 하루가 어땠는지 짐작할 수 있습니다. 어떤 날은 남편이 아침에 출근하는데 한 이웃이 아파트 1층의 출입문을 열고 남편이 지나갈 수 있도록 잡아 주었대요. 아주 사소한 배려인데, 이런 이야기를 들을 때면 저는 '아, 다정한 이웃이 있어서 참 다행이야.'라고 안도합니다. 또 어떤 날은 남편이 지하철을 탔는데, 휠체어 사용자를 위한 공간에 비장애인이 기대어 있더래요. 남편과 눈이 마주쳤지만 비켜 주지 않았고요.

 이런 이야기를 들을 때는 참 기운 빠져요. 사실 저는 남편이 혼자 외출할 때면 안전하지 않은 사회에서 몸이나 마음을 다치게 되는 것은 아닐까 자주 걱정해요. 그리고 실제 이기적인, 배려라고는 하지 않는 비장애인에게 겪는 상처와 차별이 생각보다 많아요. 그런 상처와 차별이 줄어들 거라 기대합니다. 적어도 이 책을 읽는 여러분이 남편과 같은 장애인에게 다정한 사람이 되어 줄 테니까요.

 이제까지 낯설게만 느껴졌던 장애인에 대해 관심을 갖고 알아가다 보면, 조금 더 가깝게 느껴질 거예요. 그렇게 서로 다른 존재가 서로에게 관심을 기울이며 가까워질 때 조금 더 다정한 우리가 되지 않을까요?

다르지만, 다르지 않아

장애인과 비장애인, 바른 표현을 기억해

　장애인. 우리나라에서 장애를 가진 사람을 부르는 호칭입니다. 우리나라 총인구 대비 약 5.2%인 265만 명이 장애인이에요. 장애인은 신체적, 정신적, 인지적 또는 감각적 장애를 가지고 있지요. 우리나라는 장애인을 '장애인복지법'이라는 법에 따라 구분하고 있어요. 이 법에 따르면 장애는 15가지 유형으로 나뉩니다. 왜 장애인을 법으로 구분하고, 장애의 유형을 나누는 걸까요?

　장애인이 신체적, 정신적 장애를 가지고 살아가기 위해서는 사회의 지원이 필요해요. 공부할 때, 쇼핑할 때, 여행을 가거나 직장에서 일을 할 때 등 장애인이 평범한 일상을 누리기 위해서는 장애인에게 맞는 지원이 필요하죠. 장애인을 구분하고 정의한 것은 바로, 장애인이 일상생활을 보낼 때 필요한 지원을 하기 위한 기준을 만든 거예요.

　휠체어를 사용하는 장애 학생이 학교에 가서 공부를 하려면 어떤 지원이 필요할까요? 휠체어를 타고 교실에 갈 수 있도록 엘리베이터가 있어야 하겠죠? 장애인 화장실도 있어야 하고, 책상도 휠체어 높이에 맞게 준비되어야 하고요. 이렇듯 장애인의 일상을 지원하기 위해 우리는 장애인을 구분하고 있어요.

간혹 장애인을 잘못된 표현으로 부르는 사람들이 있어요. 대표적으로 '장애우'라는 표현이에요. 친구를 뜻하는 한자어 벗 우(友)를 사용하기 때문에 친근한 표현이라고 생각할 수도 있지만, '장애우'의 한자를 풀어서 설명하면 '장애를 가진 친구'라는 뜻이에요. 나이가 많은 어르신에게 친구라고 하면 버릇없는 사람이 되겠죠? 장애우는 다양한 연령대를 가진 장애인을 아우를 수 없는 표현인 거죠. 또한 장애인이 스스로에게 사용할 수 없는, 다른 사람이 장애인을 부를 때만 쓸 수 있는 표현이기 때문에 장애우는 바른 표현이 아니에요.

그 밖에 저신장 장애인을 낮잡아 보는 표현인 난쟁이, 청각 장애인과 언어 장애인에 대한 차별적 표현인 귀머거리, 벙어리 등도

● **15가지 장애 유형**

장애는 크게 신체적 장애, 정신적 장애로 나눕니다. 신체적 장애는 지체 장애, 뇌병변 장애, 시각 장애, 청각 장애, 언어 장애, 안면 장애, 심장 장애, 신장 장애, 간 장애, 호흡기 장애, 장루 요루 장애, 뇌전증 장애가 있어요. 정신적 장애는 지적 장애, 자폐성 장애, 정신 장애가 있어요.

장애와 관련된 잘못된 표현입니다.

그렇다면 장애가 없는 사람들은 뭐라고 부르는 게 맞을까요? 간혹 어떤 사람들은 비장애인을 정상인이라고 하는데, 그건 잘못된 표현이에요. 비장애인을 정상인으로 부르게 되면, 장애인은 정상이 아닌 사람이라는 뜻이 되는데 장애를 가진 것이 잘못되거나, 비정상인 것은 아니니까요. 장애가 없는 사람은 비장애인이라고 하는 게 맞습니다. 여기서 비는 한자로 아닐 비(非), 장애인이 아니라는 뜻이지요. 우리가 사용하는 언어는 우리의 생각을 표현하는 것이기 때문에 장애인을 어떤 표현으로 부르냐는 것은 우리가 장애인에 대해 어떻게 생각하는지를 확인하는 일이기도 해요. 장애인과 비장애인, 바른 표현을 기억하고 사용해요.

우리 모두는 고유하고 특별해

"비장애인과 장애인은 전혀 다른 사람이다."는 바른 표현일까요? 잘못된 표현일까요? 반은 맞고 반은 틀립니다. 사람은 모두 다른 외모, 성격, 기질을 가졌으니 모두 다른 사람이죠. 하지만 장

애를 기준으로 장애인끼리 같은 사람이고, 비장애인끼리 같은 사람이니 장애인과 비장애인이 다르다고 생각한다면 잘못된 표현이 됩니다. 장애인과 비장애인은 모두 다른 사람들입니다. 장애인과 비장애인 사이에 존재하는 차이는 사람과 사람 사이에 존재하는 차이와 같아요. 우리는 모두 다르게 생겼고, 좋아하는 음식과 색깔도 다르고, 꿈도 다르죠.

'피플 퍼스트(People First)'라는 장애 운동이 있어요. 1974년 미국 오리건주에서 한 발달 장애인이 "I wanna be known to people first(나는 우선 사람으로 알려지기를 원한다)."라고 말하면서 시작되었어요. 자신은 장애인이지만 장애인이라 불리기 전에 우선 사람으로 존재하기를 원한다는 의미예요.

한 사람이 가진 고유한 특징은 여러 가지가 있어요. "나는 한국 사람이고, 여성이고, 서울에서 태어났고, 키는 얼마고, 나이는 몇 살이고…."처럼 말이죠. 피플 퍼스트는 장애라는 것도 사람이 가진 여러 특징 중 하나이니, 장애인이기 전에 똑같은 사람으로 생각해 달라는 이야기입니다. 어떤 사람이 가진 여러 특징을 보지 않고 하나의 특징만을 그 사람의 전부로 생각한다면 상대방을 바르게 이해할 수 없게 되죠. 그래서 장애인도 그 사람이 가진 장애

만을 바라보기보다 그 사람의 다른 모습까지 함께 바라봐야 해요. 다양성을 가진 한 사람으로 바라보면 결국 장애인과 비장애인 우리 모두는 고유하고 특별한 한 사람임을 알게 됩니다.

장애인에 대한 호기심이 나쁜 걸까?

저희 남편은 휠체어를 사용하는 척수 장애인이에요. 남편과 함께 외출을 하면 휠체어 탄 모습이 신기한지 호기심 가득한 눈으로 바라보는 아이들을 보곤 해요. 호기심을 참지 못한 아이는 "엄마! 저 아저씨는 왜 그래?"라고 질문을 던지기도 하죠. 나와 다른 모습을 가진 장애인에 대한 호기심은 자연스러운 거예요. 하지만 호기심을 표현하는 방식에 따라 상대방에게 상처를 줄 수도 있기 때문에 장난치거나 가벼운 마음으로 호기심을 표현해서는 안 돼요.

장애를 가진 친구가 왜 장애를 갖게 되었는지가 궁금하다면 조심스럽게 다가가 "너는 어디가 불편해?"라고 물어보세요. 그런데 만약 친구가 질문을 피하거나 대답하기를 불편해한다면 친구에게 시간을 주는 게 좋아요. 여러 사람에게 비슷한 질문을 받아 지쳤을 수도 있고, 자신의 장애에 대해 말할 준비가 안 되었을 수도 있기 때문에 그럴 때는 천천히 다가가려는 노력이 필요해요.

어쩌면 자신의 장애에 대해 잘 모를 수도 있어요. 그럴 때는 함께 시간을 보내며 친구의 모습이나 행동을 관찰해 알아 가는 게 좋아요. "내가 너랑 친구로 지내려면 어떻게 해야 해?"처럼 친구로 지내기 위해 이해하거나 알아 두어야 할 것을 구체적으로 물어보는 것도 좋은 방법이에요. '아, 얘가 나를 놀리려고 내 장애를 물어보는 것이 아니라, 나랑 친구가 되려고 물어보는구나.'라고 생각하고 마음의 문을 열 수도 있으니까요.

친구에게 직접 물어보기 전에 기본적으로 장애에 대한 바른 이해를 갖는 것도 중요해요. 다음 두 가지 내용 중 어떤 것이 맞는 표현일까요?

> 장애인은 몸이 불편하니 불쌍한 사람이다.
> 장애인은 항상 도움이 필요하다.

둘 다 잘못된 생각입니다. 장애가 있어 일상생활에 불편함이 있을 수는 있지만 그렇다고 장애인이 불행하거나 불쌍하다고 여기는 것은 잘못된 생각이에요. 장애인도 비장애인과 비슷한 일상을 보내며 자신이 원하는 삶을 살아가고 있어요. 장애로 인해 불편한 것은 오히려 장애 그 자체보다 장애를 바라보는 사람들의 잘못된 생각이나 장애인이 이용하기 어려운 건물, 서비스 등 불편한 사회의 모습이에요. 장애인에게 필요한 사회적 도움이나 보조 기기 등이 잘 준비되어 있고, 어디든 편하게 갈 수 있는 환경이 만들어진다면 장애는 큰 불편함을 주지 않아요.

또 장애가 있다고 아무것도 못하는 것은 아니에요. 장애와 별개로 특별한 장점과 능력을 가지고 있고, 각자의 방식으로 움직이고, 이야기하며 생각할 수 있어요. 휠체어를 사용하지만 앉아서 하는 활동은 어려움이 없을 수도 있고, 귀로 듣는 것은 어려워도 글을 써서 이야기를 나눈다면 소통하는 데 문제가 되지 않아요. 장애로 인해 어려움이 있는 상황에만 도움을 주면 되고, 무엇보다 도움이 필요한지 물어보고 도와주는 게 중요해요. 우리가 무거운 짐을 든 어르신을 봤을 때 "도와드릴까요?"라고 물어보는 것처럼 장애인에게 어떤 도움이 필요한지 직접 물어봐 주세요.

장애인과 친구가 되는 것은 어렵지 않아

장애인과 친구가 되는 것은 어렵거나 힘든 일이 아닙니다. 비장애인과 친구로 지내는 것과 크게 다르지 않아요. 서로에 대한 우정, 친구로서 서로를 믿고 존중하는 태도만 있다면 우리는 모두 친구가 될 수 있습니다.

친구로 지내려면 우선 서로에 대해 잘 아는 것이 중요하겠죠? 친구가 가진 장애에 대해 잘 알고 이해해야 합니다. 지체 장애, 청각 장애, 발달 장애 등 장애 유형에 따라 할 수 있는 활동과 필요한 도움이 달라지거든요. 어떠한 장애를 가졌는지, 그 장애는 어떠한 특징이 있는지 친구에게 직접 물어봐도 되고, 장애와 관련된 책이나 유튜브를 찾아봐도 좋아요. 친구가 가진 장애를 바르게 이해하면, 내가 친구랑 어떤 활동을 하면서 친해지고 추억을 만들 수 있을지 알게 될 거예요. 친구가 좋아하는 것이나 잘하는 것을 찾아 같이해 봐도 좋아요. 같이 책을 읽거나 운동을 하면서 즐거운 시간을 보낸다면 금세 친해질 수 있어요.

〈이상한 변호사 우영우〉라는 드라마 속 주인공 우영우는 자폐성 장애인이에요. 우영우 곁에는 비장애인 친구 동그라미가 함께

해요. 우영우와 동그라미는 자신들만의 독특한 인사법을 가질 만큼 가까운 친구예요. 우영우는 자폐성 장애인이 가진 특징으로 인해 자신을 둘러싼 분위기, 상황에 대해 이해하거나 눈치채는 일을 잘 못해요. 동그라미는 그런 우영우에게 울타리 같은 친구가 되어 주고, 우영우는 동그라미에게 회사 일이나 연애에 대한 고민을 털어놓으며 조언을 받기도 해요.

우영우에게는 변호사가 된 후에 만난 최수연이라는 친구도 있죠. 우영우는 그에게 '봄날의 햇살'이라는 별명을 지어 줬어요. 회전문을 지나가지 못하는 우영우를 위해 회전문을 잡아 주기도 하고, 오해로 인해 나쁜 소문의 주인공이 되었을 때는 대신 화를 내 주기도 해요. 봄날의 햇살처럼 말이죠. 물론 현실 속 수많은 자폐성 장애인에게 비장애인 친구는 꿈 같은 바람이 될 만큼 흔한 일은 아니에요. 하지만 동그라미와 최수연처럼 우영우의 장애를 이해하고 받아들이고, 우영우가 가진 매력과 능력을 인정하고 존중한다면 얼마든지 가능한 일이에요. 친구의 장애를 친구가 가진 여러 가지 모습 중 하나로, 나와 같은 똑같은 사람으로 바라본다면 장애인과 비장애인은 친구로 함께 살아갈 수 있어요.

다정한 사람이 되고 싶어

우리는 모두
똑같은 사람이야

사람은 모두 다른 모습을 갖고 태어나고 성격이나 생각도 모두 다릅니다. 장애인은 장애를 가졌으니 나와는 다른 '특별한' 사람이라는 생각은 잘못된 생각입니다. 나와 똑같은 사람이라는 것을 기억해요. 친구도 될 수 있고, 이웃이 될 수도 있지요. 장애인을 이상한 사람이라고 생각하거나, 장애인이 가진 장애를 놀리는 친구를 만나면 알려 주세요. 장애인과 비장애인은 모두 똑같은 사람이라고요. 사람이 가진 여러 가지 특징 중 하나가 장애이니, 장애를 이상하게도 특별하게도 생각하지 않아야 한다고 말이죠.

발달 장애를 가진 사람들

지적 장애와 자폐성 장애는 어떻게 다를까?

　우리나라에서는 지적 장애인과 자폐성 장애인을 합쳐 발달 장애인이라고 해요. 2015년에 '발달장애인 권리보장 및 지원에 관한 법률(약칭: 발달장애인법)'이 만들어지면서 나라에서 지적 장애와 자폐성 장애를 합쳐서 발달 장애라 하자 정했어요.

　주위에 발달 장애를 가진 친구들이 있나요? 저는 초등학교 때 같은 반에 발달 장애를 가진 친구가 있었던 기억이 나요. 어떤 수업 시간에는 같은 교실에서 수업받았고, 또 어떤 수업 시간에는 도움반이라는 곳에 가서 따로 수업을 듣기도 했어요. 그때는 그 친구가 어떠한 장애를 가졌는지 잘 알지 못했어요. 지나고 나서 생각해 보니, 사회 복지사라는 직업을 갖게 되니, 발달 장애인이었구나 알게 되었어요.

　지적 장애와 자폐성 장애는 전혀 다른 특징을 가지고 있고 필요한 지원도 달라요. 지적 장애인은 학습 능력이 친구들보다 조금 낮은 편이에요. 수학 문제를 풀기 어려워할 수도 있고 영어 단어를 외우는 것이 힘들 수도 있어요. 하지만 다른 사람들보다 잘하는 것이 있을 수 있죠. 리듬감이 좋아 악기 연주를 잘하거나 자

신만의 독특한 그림을 그릴 수도 있어요. 사교성이 좋아 친구들과 쉽게 친해질 수도 있고 밝은 기운으로 주변 사람을 기분 좋게 하기도 해요.

드라마 〈우리들의 블루스〉에는 실제로 지적 장애를 가진 당사자가 출연해서 화제가 되었어요. 드라마 속 지적 장애인 영희의 역할을 한 배우 정은혜 님은 다운 증후군을 가진 지적 장애인이에요. 장애인 배우가 TV 드라마에 조연급 이상으로 등장한 것은 처음이라 더욱 주목받았죠. 정은혜 님의 실제 삶은 드라마 속 영희의 삶과 매우 닮았어요. 캐리커처를 그리는 화가의 직업을 갖고 있고, 취미로 뜨개질을 하죠. 술을 마시고 흥에 겨워 춤을 추기도 하고, 속상한 마음에 눈물을 흘려 슬픈 감정을 주위 사람에게 표현하기도 해요. 처음 만난 사람들과 허물없이 친해지고 친구로 지내기도 해요.

자폐성 장애는 자폐 스펙트럼 장애라고도 표현해요. 명확히 구분 짓기 어렵고 다양하고 복합적인 특징을 가졌기 때문이죠. 자폐성 장애인은 제한되고 고정된 관심을 갖고 있어 자신의 관심사에 집중하는 경향이 있어요. 다른 사람에게 관심을 보이지 않아 대화를 유지하기 어려운 경우도 있죠. 상대방의 표정 변화를 통해 감정을 읽는 것은 자폐성 장애인에게 어려운 일이에요. 또한 반복되는 루틴을 중요하게 생각하고 사소한 변화도 큰 도전이 되기도 해요. 타인의 감정이나 고통에 무관심한 편인데 이러한 특징은 자폐성 장애가 가진 특성이라는 것을 알아야 해요. "아, 이 사람은 이기적인 사람이구나. 자기밖에 모르는구나."라고 생각하는 것은 자폐성 장애를 잘 모르는 사람들이 자주 하는 오해예요.

 자폐성 장애인 중에는 기억력이 좋은 사람이 많아요. 언제, 어디서 만났는지 오래된 과거의 일도 선명하게 기억하며 추억을 꺼내 놓죠. 또 지하철 노선도처럼 자신이 좋아하는 분야의 정보는 달달 외우는 사람도 있지요. 제 주변에는 출발역과 도착역을 이야기하면 각각 몇 호선이고, 어느 역에서 환승하는 것이 빠르다며 마치 지하철 앱을 검색한 것처럼 정확히 알려 주는 자폐성 장애인이 많답니다.

 이렇듯 지적 장애와 자폐성 장애는 전혀 다른 특징을 가졌어요. 장애가 있지만 모든 사람이 그렇듯 자신만이 가진 강점이 있죠. 중요한 것은 내가 만난 사람, 내 친구가 어떤 사람인지 아는 거예요. 장애라는 이름으로 그 친구의 모든 것을 판단하지 말고 친구가 좋아하는 것과 잘하는 것을 알아 가도록 해요.

때로는 불편하게 때로는 사랑스럽게

최근 들어 영화나 드라마 속에 자주 등장하는 발달 장애인의 모습을 보면 반가우면서도 한편으로는 걱정이 됩니다. 장애인을 우리 주변에 존재하는 이웃으로 생각할 수 있게 하고, 장애인에 대한 부정적 인식이 일부 개선되기도 해서 반갑지만, 모든 발달 장애인이 영화나 드라마 속 캐릭터와 같은 것은 아니기에 불필요한 오해가 생길까 봐 우려되는 거죠.

오래전 영화나 드라마에 등장하는 발달 장애인은 순수함 혹은 낮은 지적 능력에 초점을 맞추어 도움이 필요한 인물로 그려졌다면, 최근에는 조금 더 주체적으로 자신의 삶을 살아가거나 뛰어난 능력을 가진 사람으로 묘사되는 것 같아요. 조금 더 긍정적인 모습으로 그려지는 것은 좋지만, 모든 발달 장애인의 모습은 아니기 때문에 이 또한 사람들에게 오해가 생길까 봐 걱정됩니다.

사람은 모두 다른 모습을 가지고 있죠. 같은 성별과 나이를 가졌더라도 외모, 성격, 관심사, 장점 등 그 사람을 규정짓는 모든 것이 다릅니다. 장애인도 마찬가지예요. 똑같은 발달 장애를 가졌더라도 모두 같은 사람이 아닙니다. 일상 속에서 함께하는 발달 장애인이 어떤 순간에는 불편한 존재가 될 수도 있고, 또 다른 순간에는 사랑스러운 존재가 될 수도 있어요. 우리 모두가 서로에게 그런 존재가 되는 것처럼요.

중요한 것은 발달 장애인이 불편하거나 불쾌감을 안겨 줄 때, 그 상황을 해결하는 방식은 비장애인과 달라야 한다는 거예요. 발달 장애인이 다른 사람에게 불편을 주는 상황은 발달 장애인의 의도와 관계없기 때문이에요.

미국의 한 방송사에서 제작한 몰래카메라 영상을 본 적이 있어요. 레스토랑을 배경으로 식사를 하는 장면이었죠. 레스토랑에서 과잉 행동을 하는 발달 장애 아동을 보며 한 남자가 화를 냅니다. 아이의 부모님은 "우리 아이가 자폐증을 가졌다."고 설명하며 양해를 구하죠. 그럼에도 불구하고 남자는 아이를 데리고 집에 가야 하는 거 아니냐며 계속 다그칩니다. 물론 다 사전에 짜인 스토리였어요. 몰래카메라인 줄 모르는 사람들의 반응을 보기 위한 거였죠.

식당에 있는 다른 손님들은 그 남자에게 "당신이 식당을 나가라!"라고 이야기하며 장애 아동 가족을 옹호합니다. 자폐성 장애인이 가진 장애 특성이나 아동과 부모의 입장을 이해하는 거죠. 만약 한국이라면 어땠을까요? 발달 장애인의 행동이 때로는 불편함을 줄 수도 있습니다. 하지만 그 행동은 의도한 행동이 아니에요. 다른 사람에게 피해를 주기 위한 목적이 절대 아닌 거죠. 함께 사는 공동체 안에서는 때로는 있는 그대로를 이해하고 기다려 주는 노력이 서로에게 필요해요.

모든 행동에는 나름의 이유가 있다

내 마음과 생각을 말로 표현하지 못해 답답했던 적이 있나요? 간절히 갖고 싶은 것이 있는데 가질 수 없는 속상함에 울거나 화를 낸 적이 있나요? 내 생각을, 내 마음을 말로 잘 전달하는 것이 쉽지 않을 때가 누구나 있지요. 중증의 발달 장애를 가진 경우 말로 이야기를 하는 것이 어렵기 때문에 그런 상황이 더 자주 있을 수 있어요. 그리고 그런 행동에는 하고 싶은 이야기나 간절히 원하는 무언가가 숨겨져 있으니 왜 그런지, 어떤 이유가 있는지 상황과 마음을 살피는 것이 중요해요.

우리 동네에는 중증의 발달 장애를 가진 아이가 살고 있어요. 어떻게 알았냐고요? 그 아이가 내는 소리 때문에 알게 되었죠. 할

머니의 손을 잡고 학교에 가며 무슨 소리인지 알아들을 수는 없지만 무언가를 이야기하고 있는 모습을 보았죠. 그 후로 저 멀리에서 아이의 목소리가 들려오면, '오늘은 좀 더 크고 강한 소리를 내는 걸 보니 마음이 더 힘든 하루를 보냈으려나.' 하고 생각하게 되어요.

제가 사회 복지사로 일하며 만났던 발달 장애인 A 씨는 자신의 생각을 문장으로 조리 있게 말하는 것이 어려웠어요. 하지만 원하는 것이 있을 때 단어로 이야기하거나, 손가락으로 가리키거나, 제 손을 끌고 어딘가로 가려고 했죠. 그런 A 씨와 이야기를 나눌 때는 저는 휴대폰을 자주 사용했어요. A 씨에게 하고 싶은 말이 있을 때 사진이나 그림을 찾아서 보여 줘요. A 씨가 원하는 선택을 할 수 있도록 하는 거죠.

중증 발달 장애인은 원활하지 않은 의사소통 능력으로 인해 자신이 원하는 것을 말로 표현하기 어려워 행동으로 우선 옮기는 경우가 많아요. 실제 나이와 다르게 인지 수준은 어린 나이에 머물러 있기 때문이죠. 만약 학교에서 중증 발달 장애 학생이 바지를 내려 친구들에게 자신의 성기를 보여 주었을 때, 그 학생이 바지를 내린 '진짜' 이유를 확인해야 해요. 많은 사람이 있는 곳에서 바지를 내렸다는 표면적인 행동만 보면 성적 쾌락을 위한 행동으로 느껴질 수 있지만, 언어적 의사소통이 어렵다는 장애 특성을 고려한다면 진짜 이유가 따로 있을 거예요. 화장실에 가고 싶어서인지 아니면 하체 어떤 부위가 아프거나 불편해서인지 말이죠.

장애 이해 교육을 하러 갔던 한 학교에서 어떤 학생이 저에게 이런 질문을 했어요. "나를 때리고 괴롭히는 장애인 친구는 어떻게 해야 하나요?" 저는 장애를 가진 그 친구의 행동에 '친구를 괴롭히고 싶다'는 마음이 보였냐고 물었어요. 그 학생은 "아니요, 그런 건 아니었어요."라고 했죠. 맞아요. 장애 학생의 행동이 누군가에게 피해를 주더라도, 그 학생이 피해를 주기 위한 목적을 갖고 있지 않은 경우가 많아요. 자신이 원하는 것이 있을 수도 있고, 어떤 상황을 회피하고 싶을 수도 있고요. 말로 할 수 없기 때문에 나타나는 행동이 나에게 또는 누군가에게 피해를 준다면 선생님, 부모님 등 주변의 어른들과 상의해 보세요. 서로가 함께 잘 지낼 수 있는 방법을 노력해서 찾아갈 수 있어요.

발달 장애를 가진 내 친구가 어떤 소리를 내고 어떤 행동을 하는지 관심을 갖고 지켜보세요. 그 친구의 행동이 불쾌할 때도 있고, 혹은 나에게 피해를 줄 때도 있을 거예요. 하지만 그런 행동을 하는 것이 친구가 일부러, 어떤 목적을 갖고 하는 것이 아니라는 걸 알고 이해한다면 함께 지내는 것이 훨씬 더 편해질 거예요. 친구가 불안한 상황에서 안심할 수 있는 방법을 찾아봐 주세요. 어느새 친구의 마음을 가장 잘 알아차리는 내가 되어 있을 거예요.

쉬운 정보로 누리는 보통의 일상

시각 장애인은 점자나 음성을 통해 정보를 접하고, 청각 장애인은 수어나 글자를 통해 다른 사람과 소통합니다. 각각 보거나 듣는 방법 대신 다른 방식으로 정보를 접하고 소통하며 지내는 거죠. 그렇다면 '이해의 어려움'을 가진 발달 장애인은 어떻게 정보를 찾고 활용할까요?

발달 장애인에게는 쉬운 정보가 필요합니다. 쉬운 정보란 읽었을 때 이해하기 쉬운 정보를 의미해요. 외국에서는 '이지 리드(Easy-Read)' 또는 '어세서블 인포메이션(accessible information)'으로 불리는 개념입니다. 쉬운 정보가 등장하기 전에는 어떤 정보를 어려워하는 발달 장애인을 보면 '아, 발달 장애인이니까 어렵겠지….'라고 생각했다면, 지금은 발달 장애인이 이해할 수 있도록 조금 더 쉽게 설명하거나 알려 줘야 한다고 생각해요. 쉬운 정보를 활용하는 발달 장애인이 정보를 적극적으로 탐색하고, 자신의 삶에 적용하는 순간을 보며 발달 장애 때문이 아니라 쉽지 않은 정보 때문에 어려움이 있었다는 것을 사회도 알게 된 거죠.

쉬운 정보는 다양한 일상에서 여러 가지 모습으로 존재합니다. 여러분은 궁금한 것을 찾을 때 어디서 검색하나요? 아마도 많은 친구들이 '유튜브' 앱을 열어 검색할 거예요. 발달 장애인도 크게 다르지 않습니다. 그렇다면 유튜브 영상이 쉬워져야 하죠! 자막, 음성으로 나오는 정보가 쉬워야 하고, 화면 전환 속도도 너무 빠르면 안 되고요. 친구들과 수다를 떨며 이야기를 나눌 때 주로 쓰는 카카오톡의 이모티콘도, 자연 재난 정보를 알려 주는 안전 문자도 쉬워져야 합니다. 역사와 문화에 대한 전시품을 설명하는 박물관의 해설도 쉬워야 하고요. 발달 장애인이 눈으로 보는 모든 정보는 쉬워져야 하는 거죠.

그런데 발달 장애인을 위한 쉬운 정보는 발달 장애인뿐 아니라 모든 사람에게 편리한 정보가 됩니다. 언어를 배우고 있는 어린이, 인지 능력이 점점 낮아지는 어르신, 한국말이 서툰 외국인, 한자어가 낯선 청소년 등 모든 사람이 쉽게 누릴 수 있는 정보인 거죠.

언젠가 대통령 선거를 앞둔 시기에 발달 장애인을 위해 선거 제도, 투표 방법에 대해 쉽게 알려 주는 자료를 만든 적이 있어요. 발달 장애인이 자신의 1표를 제대로 행사하기를 바라는 마음으로 만든 거예요. 그 자료를 본 한 어머님이 고맙다며 연락을 주셨어요. 자녀가 초등학생인데 참정권에 대해 알려 주는 자료를 찾던 중 우리 자료를 봤다면서요. 이해하기 쉬운 글에 일러스트까지 더해 선거, 투표를 쉽게 설명해서 자녀에게 큰 도움이 될 거라고 하셨죠.

그뿐만이 아니었어요. 투표를 처음 하는 만 18세의 청소년들 중에서도 도움이 되었다는 사람이 많았습니다. 장애 여부를 떠나 처음 하는 일은 모두에게 생소하고 낯설기만 하죠. 그런 순간에 쉬

● **안타깝지만 원고가 졌습니다.**
한 청각 장애인이 수어 통역이 필요한 자신에게 다른 장애인과 동일한 면접 시간이 주어진 것은 차별이라며 '장애인 일자리사업 불합격처분 취소소송'을 제기했어요. 재판부는 판결문에 어려운 법률 용어 옆에 보다 쉬운 문장을 넣었죠. 재판부는 "청각 장애인인 원고와 다른 지원자들의 차이를 고려하더라도 모두에게 충분한 시간이 주어졌다."고 밝혔습니다.

운 정보가 있다면, 자신에게 주어진 일상을 조금 덜 불편하게, 조금 더 자신 있게 즐길 수 있게 됩니다.

"안타깝지만 원고가 졌습니다."로 시작하는 쉬운 판결문이 이슈가 되었던 적이 있어요. 청각 장애인인 원고를 고려하여 판사님이 판결문을 쉽게 쓴 것이죠. 평소 법률 용어 등으로 이루어진 딱딱한 판결문이 아닌 쉽게 풀어 쓴 글에 그림도 더해져 있었죠.

"안타깝지만 원고가 졌습니다."의 원래 문장은 "원고의 청구를 기각한다."였습니다. 청구, 기각 모두 평소에 쓰지 않는 어려운 표현이죠. 본 판결문을 작성한 재판부는 "원고의 요청과 장애인권리협약 제13조 및 UN의 권고 의견에 근거해, 판결문의 엄밀성을 해치지 않는 범위 내에서 이지 리드(Easy-Read) 방식으로 최대한 쉽게 판결 이유를 작성하도록 노력했습니다."라고 했어요. 이런 쉬운 판결문은 74년 한국 사법 역사상 첫 시도였다고 해요. 저는 사회 곳곳에 이런 시도와 변화가 많아져야 한다고 생각해요. 그래야 발달 장애인도 일상의 여러 순간에서 소외되지 않고, 새로운 경험을 할 기회가 많아질 수 있어요.

우리나라에서 발달 장애인에게 쉬운 정보가 권리로서 인식된 것은 2015년 11월 '발달장애인법'이 시행되면서부터였어요. 영국은 '인권법(Human Rights Act, 1998)'과 '평등법(Equality Act, 2010)'의 영향으로 오래전부터 쉬운 정보를 활용했고, 2003년에 우리나라의 보건복지부와 같은 행정 기관에서 '쉽게 접근 가능한 정보 제작 가이드라인'을 만들어 배포했습니다. 우리나라가 다른 여러 선진국에 비해 늦게 출발했지만, 이제라도 쉬운 정보가 발달 장애인의 권리로 인식되고 많이 만들어지고 활용되기를 기대합니다.

다정한 사람이 되고 싶어

친구의 말투나 행동을 놀리지 않아

학교에서 발달 장애를 가진 친구들을 만난 적이 있지요? 친구의 말투가 어색하거나, 행동이 부자연스러울 수도 있을 거예요. 발달 장애인의 말투, 행동은 장애로 인해 나타나는 특성이에요. 그런 모습을 놀리거나 따라 하면 발달 장애인 친구는 어떤 기분이 들까요? 분명 상처를 받을 거예요. 다른 사람을 놀리지 않고 친절하게 대하는 것이 중요해요. 서로의 다른 점을 놀리기보다 개성으로 존중하며 재미있는 학교생활을 만들어 나가 보아요.

휠체어로 어디든 갈 수 있다면

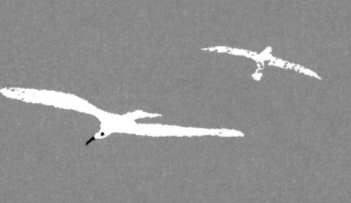

이동할 자유, 이동할 권리

여러분은 어떤 교통수단을 가장 좋아하나요? 저는 지하철을 가장 좋아해요. 낯선 곳을 찾아갈 때 헤매지 않고 가장 편하고 빠르게 찾아갈 수 있는 교통수단이 지하철이기 때문이죠. 하지만 가까운 곳을 가거나 버스 한 번만 타고도 갈 수 있는 곳은 버스를 이용해요. 바깥 경치를 구경할 수도 있고 지하철 승강장까지 오르락내리락하지 않아 오히려 편하거든요. 저는 운전도 잘해서, 대중교통으로 가기에는 교통편이 불편하거나 오랜 시간이 걸릴 때는 직접 차를 운전해서 가기도 해요.

이렇듯 저는 목적지에 따라, 제가 가고 싶은 곳의 위치에 따라, 교통수단에 따라, 그리고 저의 컨디션이나 마음에 따라 교통수단을 자유롭게 선택해요. 아마 여러분이나 여러분의 가족도 비슷할 거라 생각해요. 하지만 원하는 교통수단을 자유롭게 선택하고 이용할 수 없는 사람들이 있어요. 장애인, 특히 휠체어를 사용하는 장애인이 그래요.

남편과 대중교통을 이용해 외출할 때면 시간이 더 많이 필요해요. 지하철을 이용할 때는 엘리베이터가 있는 출구를 찾아야 하

고, 휠체어 사용자가 이동할 수 있는 환승 동선은 비장애인이 다닐 수 있는 동선보다 복잡하고 오래 걸려요. 그래서 비장애인보다 시간이 더 많이 필요하죠. 어떤 지하철역의 승강장은 지하철과 플랫폼의 간격이 넓거나 높이 차이가 있어 타고 내릴 때 위험한 순간도 있어요. 엘리베이터가 없는 곳은 휠체어 리프트를 이용해 계단을 오르내리는데, 휠체어 리프트가 안전하지 못해 사고가 나는 경우도 더러 있어요.

 버스는 저상버스만 탈 수 있고, 마을버스나 시외버스, 고속버스는 저상버스가 아닌 경우가 많아 타기 힘들죠. 저상버스는 뒤쪽 문에 휠체어 사용자가 탈 수 있는 경사로가 있어요. 보도블록과 버스 사이에 경사로가 연결된 후 탈 수 있는 거죠. 저상버스에 타려면 버스 기사님에게 버스에 탈 거라는 것을 알리기 위해 멀리 버스가 보일 때부터 손을 흔들거나, 버스 문이 열렸을 때 기사님이 들리도록 큰 소리로 휠체어 사용자가 버스를 탈 것이란 것을 알려야 해요.

 버스에 탄 후에는 장애인 좌석의 의자를 접어 휠체어 사용자가 있을 수 있도록 공간을 만들어야 해요. 내가 앉은 좌석이 휠체어 사용자 좌석이고 휠체어 사용자가 버스에 탄다면 일어나서 의자를 접어 주는 게 좋아요. 의자 옆쪽에 있는 동그란 손잡이를 당기면 쉽게 접을 수 있어요. 저상버스라 하더라도 출퇴근 시간에는 사람들로 붐비기 때문에 아예 탈 생각을 못 해요. 대중교통은 많은 사람이 편리하게 이용하도록 만든 교통수단인데, 휠체어를 사용하는 사람에게는 편리하지 않은 것이죠.

그러면 택시는 편하게 탈 수 있냐고요? 일반 택시에는 휠체어를 싣기가 불편해요. 수동 휠체어는 휠체어와 등받이, 바퀴 등을 분리해서 좌석이나 트렁크에 실을 수 있겠지만 그렇게까지 해서 휠체어 사용자 승객을 태우는 것을 편안하게 생각하지 않는 기사님이 많아요. 또 전동 휠체어나 전동 스쿠터는 부피가 커서 일반 택시에 타는 것은 불가능한 일이죠.

그래서 휠체어 사용자는 장애인 특별 교통수단인 '장애인 콜택시'를 이용해요. 휠체어를 탄 채 그대로 택시에 탑승할 수 있기 때문에 타고 내리는 게 매우 간편하죠. 하지만 장애인 콜택시는 택시 수가 많지 않고 특히 늦은 밤이나 새벽에는 그 수가 훨씬 더 줄어들어 내가 원하는 때에, 바로 택시를 타는 것은 거의 불가능해요. 저는 남편과 함께 외출할 때 대중교통으로 가기 어려운 곳은 종종 장애인 콜택시를 이용하는데, 평균 1~2시간, 길게는 4~5시간까지 택시를 기다린 적도 있어요. 우리가 보통 생각하는 빠르고 편한 택시와는 정말 거리가 멀죠.

아침에 일어나 누군가를 만나거나 어딘가를 가기 위해 이동하는 것은 모두에게 너무나 자연스러운 일상이에요. 하지만 목적지를 향해 '이동하는 것' 자체가 큰 숙제가 되고, 그 숙제가 가끔 있는 일이 아니라 매일 주어지는 삶은 생각만 해도 너무 고단해요. 장애인이라는 이유로, 휠체어를 사용한다는 이유로 이동의 자유가 없는 사람들, 사회는 어떤 변화가 필요할까요?

함께한다는 것의 진짜 의미는?

남편과 무엇을 가장 하고 싶냐고 묻는다면, 저는 한순간의 고민도 없이 '등산'이라고 말하고 싶어요. 휠체어를 타고 어떻게 등산을 하냐고요? 평상시에 사용하는 휠체어로 산을 오르는 일은 어렵고 산악용 휠체어가 필요해요. 산악용 휠체어는 언뜻 보기에 리어카처럼 생겼어요. 휠체어의 앞뒤, 양옆 네 군데를 다른 사람들이 잡고 옮길 수 있도록 손잡이가 있어요. 휠체어를 타고 가파른

산을 오르고 내리기 위해서는 누군가의 도움이 필요할 수밖에 없기 때문이죠. 등산하기 위해 평소에 사용하는 일반 휠체어에서 산악용 휠체어로 옮겨 타고, 휠체어에서 떨어져 다치지 않도록 안전띠를 매요. 함께 산을 오르는 것을 도와주는 사람들이 앞뒤, 양옆 네 군데에 서서 밀고 끌며 함께 등산합니다.

처음 남편과 등산할 때는 자원봉사자들이 힘들게 애쓰는 모습이 불편했는데, 함께 산을 오르며 이런저런 이야기를 하면서 친분을 쌓아 가고 서로의 필요를 채워 주는 것이 오히려 기쁨이 된다 느껴졌어요.

어느 날은 함께 등산하는 장애인 중 한 분이 갑자기 등산 중에 만난 계곡에 들어가고 싶다고 했어요. 그분은 자원봉사자들의 도움으로 휠체어에서 내려와 계곡물에 몸을 담갔어요. 계곡물에 들어가 밝은 표정으로 행복한 모습을 보이더니 갑자기 흐느껴 울기 시작했어요. 그 모습을 함께 마주하던 사람들이 모두 당황했죠. 그분은 장애인의 삶을 살며 산을 오르거나 계곡에 가는 것이 어렵다 보니, 몇십 년 만에 계곡물에 몸을 담그며 느끼는 감각이 감격스러워 자기도 모르게 눈물이 난다고 하셨어요. 누군가에게는 너무나 사소한 일상, 익숙한 경험일 수 있지만 또 다른 누군가에게는 그렇지 않겠다고 생각하니 우리의 모든 일상이 감사한 일이라는 생각이 들었죠.

언젠가 외국의 체육 수업 시간 영상을 봤어요. 여러 학생들이 선생님을 바라보며 서 있었고, 가운데에는 매트 위에 누워 있는 한 명의 학생이 있었어요. 선생님의 목소리와 함께 신나는 음악 소리가 흘러나왔습니다. 학생들은 선생님의 동작을 따라 하며 왼쪽, 오른쪽, 앞, 뒤로 신나게 몸을 움직였어요. 누워 있던 장애 학생은 어땠을까요? 그 학생도 매트에 누워 선생님을 바라보며 열심히 왼쪽, 오른쪽, 앞, 뒤로 함께 활동했습니다. 비장애 학생, 장애 학생, 선생님 그 누구도 서로를 의식하지 않고 즐겁게 체육 활동을 했습니다.

함께한다는 것은 똑같은 모습으로 생활하는 것을 의미하는 것이 아니에요. 저희 남편이 산악용 휠체어를 이용해 자원봉사자들과 함께 등산을 했던 것처럼, 장애 학생이 매트에 누워 체육 활동을 했던 것처럼 각자 자신이 가진 모습 그대로 함께하는 것이 '진짜' 함께하는 것이 아닐까요?

모두가 함께 누릴 수 있는 공간

　놀이터를 좋아하나요? 놀이터는 모든 아이들이 뛰어노는 공간이죠. 혹시 놀이터에서 휠체어를 사용하는 친구를 만난 적이 있나요? 아마 없을 거예요. 마음껏 소리 지르며 친구와 놀 수 있는 그 공간에 휠체어를 사용하는 아이들은 소외되어 있어요. 휠체어를 타고 함께 즐길 수 있는 놀이기구가 없기 때문이죠. 함께한다는 생각만큼 중요한 것은 모두가 함께 누릴 수 있는 공간이에요. 신체적, 정신적 능력과 상관없이 우리 모두가 공평하게 누려야 할 공간이 필요해요.

　남편과 함께 식당에 갈 때면 맛집보다는 편의 시설이 잘 갖추어진 곳을 찾아요. 입구에 턱이 있나 없나, 계단 옆으로 경사로가 갖춰져 있나, 2층 이상의 건물이라면 엘리베이터가 있나 확인해야 해요. 입구만큼 중요한 것이 또 있어요. 바로 식탁이에요! 신발을 벗고 앉는 좌식 식탁만 있는 곳은 휠체어 사용자가 갈 수 없어요. 우리는 장례식장에 가면 식사를 하며 상주에게 위로를 전하는 이야기를 나누기도 하죠. 좌식 식탁만 있는 장례식장에서는 식탁 2개를 쌓아 식사할 공간을 마련하기도 해요.

또 문손잡이를 생각해 볼까요? 동그란 모양의 손잡이와 가로로 길쭉한 모양의 손잡이가 있다면 어떤 손잡이가 모든 사람이 다 편하게 사용할 수 있을까요? 길쭉한 모양의 손잡이입니다. 동그란 모양의 손잡이는 손잡이를 손으로 움켜쥐고 돌려야만 열고 닫을 수 있죠. 하지만 손이 없는 사람도 있고, 손에 힘을 주기 어려운 사람도 있습니다. 길쭉한 모양의 손잡이는 꼭 손이 아니라도 팔꿈치, 턱 등을 이용해서 열 수 있죠. 이렇게 우리 주변의 작은 물건 하나도 모든 사람을 고려하면 더 편리해질 수 있어요.

우리나라는 '장애인·노인·임산부 등의 편의증진 보장에 관한 법률'에 따라 시설물 등을 이용하는 데 불편함이 없도록 평가, 인증하는 제도가 있어요. 국가나 지방 자치 단체가 새로 짓는 공공 건물, 공중 이용 시설 중 법에 정한 시설은 의무적으로 BF 인증

● **교통 약자의 이동권을 보장해요.**
교통 약자란 고령자, 장애인, 임산부, 영유아를 동반한 사람, 어린이 등 일상생활에서 이동에 불편을 느끼는 사람을 말해요. 교통 약자는 총인구의 30% 정도를 차지하고 있어요. BF 인증 제도는 건물 내 교통 약자의 이동권을 보장하기 위해 시작되었어요. 그러나 민간 시설은 의무 사항이 아니라서 장애인이 많이 이용하는 시설조차도 매우 낮은 인증률을 보이고 있어요.

을 받아야 해요. BF는 '베리어 프리(Barrier Free)'의 약자로 어린이, 노인, 장애인 등이 생활할 때 불편한 장애물이 없는 환경을 의미해요. BF 인증을 받아야 하는 시설은 대표적으로 공원, 도서관, 병원, 종교 시설, 학교 등이 해당돼요. 하지만 민간에서 지은 건물은 해당되지 않아 이용이 불편한 경우가 많지요.

장애 여부와 상관없이 모두가 편리하게 누릴 수 있는 공간이 주변에 있는지 주의 깊게 살펴 주세요. 그리고 학교에 휠체어를 사용하는 내 친구가 이용하기 불편한 곳이 있다면 친구와 함께 학교에 개선을 건의해 보면 어떨까요?

다정한 사람이 되고 싶어

휠체어 사용자의 이동을
우선 배려해

비장애인은 계단, 에스컬레이터, 엘리베이터를 모두 이용할 수 있지만, 휠체어 사용자는 엘리베이터가 없으면 층간 이동이 어려워요. 엘리베이터 외에 대체재가 없는 거죠. 마트, 지하철역, 문화 시설 등 공공장소에서 엘리베이터를 사용할 때 휠체어 사용자를 만난다면 먼저 이용할 수 있도록 배려해 주세요. 또 휠체어 사용자는 자동문이 아닌 여닫이문, 미닫이문 등은 문을 열고 드나들기가 불편하죠. 편하게 드나들 수 있도록 문을 열고 잡아 준다면 우리 사회가 조금 더 따뜻한 사회가 될 거예요.

보이지 않아도,
들리지 않아도

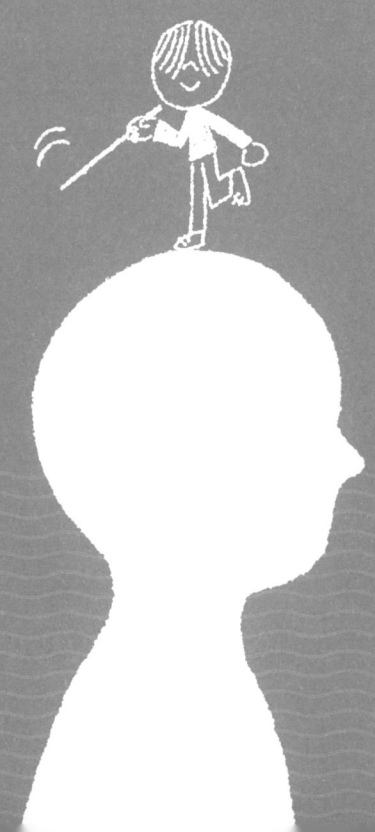

시각 장애인을 위한 한글 '훈맹정음'

혹시 점자를 본 적이 있나요? 점자는 볼록하게 튀어나와 손가락 끝으로 만질 수 있도록 만들어진 글자예요. 시각 장애인이 눈으로 보는 대신, 손으로 만져 정보를 습득할 수 있도록 만들어진 글자죠. 세계에서 처음 점자를 사용한 나라는 프랑스예요. 프랑스 통신 부대의 장교였던 샤를 바르비에라는 사람이 군사용으로 점자를 만들었어요. 밤에 글을 읽기 위해 불을 켜면 적에게 위치를 들킬 수 있기 때문에 불빛 없이 손으로 만질 수 있는 글자를 만들었던 거예요.

우리나라에서 점자가 시각 장애인 교육에서 처음 사용된 것은 1894년이에요. 미국 선교사 로제타 셔우드 홀이라는 사람이 뉴욕의 점자를 변형해 성경을 점자로 번역한 것이 우리나라 첫 점자의 출발이 되었어요. 나라마다 언어가 다르듯이 점자도 나라마다 달라요. 우리나라의 점자는 '훈맹정음'이라 불리는데, '훈맹정음'은 시각 장애인 학교의 교사였던 박두성 선생님이 1926년에 만들었어요. 시각 장애인이 읽기 쉽고 배우기 쉬운 한글로 된 점자를 만들기 위해 밤낮을 가리지 않고 6년 동안 연구했지요. "눈이 어둡

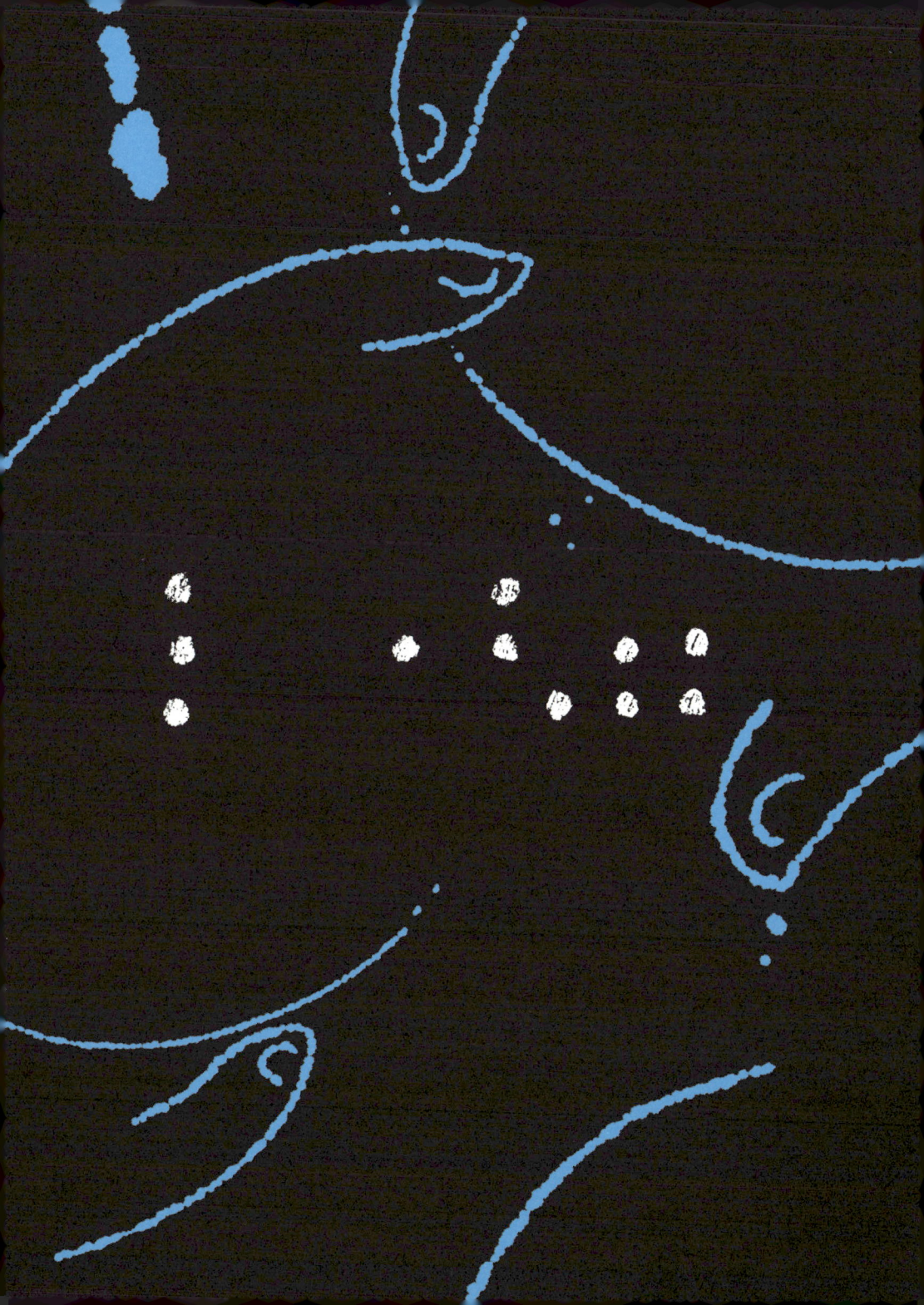

다고 해서 마음마저 어두워선 안 된다."며 항상 배움을 강조했던 박두성 선생님은 시각 장애인의 세종대왕이라고 불려요.

 점자를 가장 흔하게 볼 수 있는 곳은 엘리베이터예요. 엘리베이터의 버튼을 보면 숫자 위에 점자가 덮여 있어요. 엘리베이터를 이용하는 시각 장애인이 점자를 만져 원하는 층으로 갈 수 있도록 한 거죠. 그뿐만 아니라 지하철의 탑승 칸도 점자 안내가 있어요. 잘 몰랐다고요? 지하철 플랫폼의 스크린도어를 자세히 살펴보세요. 플랫폼 번호와 몇 번 칸인지 점자로 안내되어 있어요.

 점자는 만지는 것 말고 밟는 것도 있어요. 바로 점자 블록이죠. 길을 걸으면서 노란색 점자 블록을 보거나 밟아 본 적이 있을 거예요. 점자 블록은 점자와 보도블록이 합쳐진 말이에요. 시각 장애인이 길을 걸을 때 필요한 정보를 알려 주기 위한 편의 시설이죠. 점자 블록은 동그란 점자로 된 것과 길쭉한 선으로 된 것 두 가지가 있어요. 동그란 점자로 된 것은 잠깐 걸음을 멈추고 주위를 살피란 뜻이에요. 갈림길이 나오거나 차도가 있는 등 주의를 기울여야 할 때 이 블록이 나타나죠. 4개의 선이 길쭉하게 있는 블록은 선의 방향으로 걸어가도 된다는 의미예요. 점자 블록은 이렇게 시각 장애인이 길을 걸을 때 중요한 길잡이가 되기 때문에 점자 블록 위에 장애물을 두면 안 돼요. 점자 블록이 망가졌다면 시청이나 구청에 바로 신고해야 하고요.

점자 외에도 시각 장애인이 정보를 접하는 방법은 또 있어요. 바로 귀로 듣는 것이지요. 저는 사회 복지사로 장애인 복지관에서 일을 한 적이 있었는데, 복지관 관장님이 시각 장애인이었어요. 관장님은 눈으로 볼 수 없는 대신 다른 감각이 매우 뛰어났어요. 발걸음 소리만 듣고 직원을 알아차리기도 했고, 한 번 말하면 머릿속에 저장하는 기억력도 뛰어났어요. 사업비 사용을 보고할 때는 귀로 들은 숫자를 기억하고 정확히 계산을 하시기도 했죠.

관장님과 함께 외근을 갈 때면 관장님 옆에 나란히 앉거나 걸으며 관장님이 눈으로 보지 못하는 정보를 말로 설명해 드렸어요. 예를 들어 함께 외부 기관에 가서 회의할 때는 회의실에 어떤 사람들이 어떤 위치에 앉아 있는지 설명하고, 인쇄된 회의 자료를 읽어 드리기도 했죠. 이렇듯 시각 장애인이 정보를 눈으로 보지 못한다고 하더라도, 만지고 듣는 방법을 통해 필요한 정보를 충분히 알 수 있어요.

입말 대신 손말 '수어'

TV 뉴스에서 다채로운 표정과 바쁜 손으로 소식을 전하는 사람을 본 적이 있을 거예요. 수어 통역사가 청각 장애인 시청자를 위해 뉴스를 수어로 알려 주는 모습이죠. 수어는 음성 대신 손의 움직임으로 말을 하는 언어를 말해요. 손의 움직임과 함께 표정이나 입술의 움직임으로 목소리로 전하는 이야기를 대신하고 있죠.

수어는 청각 장애인의 의사소통 수단이에요. 청각 장애인과 이야기를 나누기 위해 청인(청각 장애인이 아닌, 음성 언어를 사용하는 사람을 청인이라고 해요)들이 수어를 배우기도 하고, 이를 직업으로 갖는 수어 통역사도 있지요. 예전에는 수어를 수화라고 했어요. 2016년에 만들어진 '한국수화언어법'에 따르면 '한국수어'는 '한국수화언어'를 줄인 말로, 독립된 언어라는 의미를 담고 있어요. 수어가 엄연한 언어임을 더 널리 알리고자 수어라고 부르게 되었죠. 또 2016년 8월 4일부터 수어가 한국어의 뒤를 이어 우리나라의 두 번째 법정 공용어가 되었어요.

수어를 모르면 청각 장애인과 어떻게 이야기를 하냐고요? 걱정하지 말아요! 저도 수어를 몰라요. 청각 장애인과 이야기를 나눌 때는 글을 써요. 바로 필담이라고 부르는 방법이에요. 귀로 듣는 방식이 아닌 눈으로 볼 수 있는 방식이면 충분히 소통할 수 있는 거죠.

저는 '나다 페스티벌'이라는 뮤직 페스티벌을 좋아해요. 나다 페스티벌은 2012년부터 시작했는데, 다양한 감각을 가진 사람들이 음악을, 공연을 즐길 수 있도록 기획한 거예요. 음악이라는 것은 기본적으로 소리를 듣고 즐기는 행위이죠. 나다 페스티벌은 소리를 듣지 못하는 사람도 공연을 즐길 수 있도록, 소리를 눈으로 듣기 위한 다양한 장치들을 동원해요.

수어 통역사가 한구석에 자리 잡는 것이 아니라 무대 한가운데 자리를 하고 뮤지션들의 노래뿐만 아니라 감정이나 악기의 연주를 수어와 표정, 몸짓으로 전달해요. 저는 뮤지션의 노래나 연주를 듣는 것 이상으로 수어 통역사의 표정과 몸짓에 집중해요. 음

● **수어는 나라마다 달라요.**
수어는 손과 손가락의 모양, 손바닥의 방향, 손의 위치, 손의 움직임 등에 따라 의미가 달라져요. 또 같은 동작을 하는데도 표정에 따라 의미가 달라지기도 해요. 수어는 나라별로 달라요. 한국 청각 장애인과 미국 청각 장애인이 소통하기 위해서는 서로의 수어를 배워야 해요.

악의 분위기, 가사의 의미를 표정과 몸짓으로 전달해 주니 한 편의 뮤지컬을 보는 것 같거든요. 음악을 눈으로 본다는 것이 큰 매력을 가졌다는 것을 발견하게 된 거죠.

그뿐만 아니라 가사를 알 수 있도록 자막이 화면으로 나오고 음악의 분위기를 느낄 수 있는 스크린 화면이 함께해요. 음악이 주는 비트를 느낄 수 있는 우퍼 조끼(진동 조끼)도 제공해 줘요. 몸으로 음악을 느낄 수 있다는 것 자체가 너무 멋있는 일이죠?

또한 공연장이 주는 공간의 분위기나 갑자기 크게 들리는 소리가 힘든 사람을 위해 공연 중간에 공연장을 떠날 수 있도록 유연하게 운영해요. 중간에 모든 빛이 사라지는 '암전 공연'도 있어요. 공연장에 작은 빛조차 들어오지 않도록 막아 캄캄한 어둠 속에서 눈을 제외한 다른 감각을 이용해 음악을 즐길 수 있도록 하는 거죠. 잠깐이지만 시각 장애인이 음악을 느끼고 즐기는 방법을 경험해 볼 수 있어요.

흔히들 청각 장애인은 음악을 즐기지 못할 거라고, 노래방을 좋아하지 않을 거라고 생각하는데 이건 잘못된 생각이에요. 음악은 귀로 듣는 것 외에 몸으로 느끼는 것도 충분히 가능하기 때문이죠. 노래방을 떠올려 보세요. 반주에 맞춰 노래를 부르는 그 공간에서 전해지는 것은 음악뿐 아니라 조명과 진동이 함께 있어요. 다양한 빛이 섞이면서 음악의 분위기가 전해지기도 하고, 빠른 비트의 음악은 그 진동을 몸으로 느낄 수 있죠. 청각 장애인 친구가 있다면, 그리고 노래를 좋아한다면, 함께 노래방에 스트레스 풀러 가자고 말해 보세요.

다양한 감각으로 소통할 수 있다고?

시각 장애와 청각 장애를 모두 갖고 있는 시청각 장애인도 있어요. 시청각 장애를 가진 사람은 대표적으로 '헬렌 켈러'가 있어요. 미국의 작가이자 교육가로 활동한 헬렌 켈러는 태어난 지 19개월쯤에 뇌척수막염으로 시각, 청각 장애를 동시에 가지게 되었다고 해요. 하지만 사람에 따라 시각 장애를 먼저 가지고 나중에 청각 장애를 갖게 되기도 하고, 반대로 청각 장애를 가지고 있다가 시각 장애를 갖게 되기도 해요. 어떤 장애를 먼저 가지고 있느냐에 따라, 장애 수준이 어느 정도냐에 따라 소통하는 방식은 조금씩 달라요.

시청각 장애인은 눈으로 수어를 보는 대신 촉각으로 느끼는 촉수어를 사용해요. 서로 마주 보고 몸을 가까이 한 상태에서 수어하는 손을 만지는 방법이죠. 수어를 모르고, 점자를 아는 사람은 점자책이나 점자 정보 단말기를 활용해 이야기를 나눠요. 수어와 점자를 모두 모른다면, 바로 손바닥에 손가락으로 글씨를 적어 이야기를 나눠요.

저는 복지관에서 일하며 시청각 장애인을 만나 상담했던 적이 있어요. 그분은 수어와 점자를 모르기 때문에 손바닥에 글을 쓰는 방식으로 이야기를 나눴어요. 물론 처음에는 손바닥에 쓴 글씨를 읽는 것이 감각으로 느껴야만 알 수 있어서 쉽지 않았지만, 시간이 흐르니 이야기를 나누는 데 큰 불편함 없이 소통할 수 있게 되었어요.

이렇듯 우리는 보이지 않더라도, 들리지 않더라도 다양한 다른 감각을 통해 세상을 느끼고 다른 사람과 소통하며 살 수 있어요. 가장 잘 알고 익숙한 감각은 눈과 귀이기 때문에 눈으로 보고, 귀로 듣는 것이 얼마나 편리하고 중요한지 잘 알고 있죠. 하지만 눈과 귀가 아니더라도 다른 감각을 활용할 수 있어요. 냄새, 맛, 터치, 진동 등 이런 감각들을 잘 활용하면 돼요. 상상해 봐요. 눈을

감는다고, 귀를 막는다고 세상과 단절되나요? 아무것도 느껴지지 않나요? 아닐 거예요! 시각이 불편한 사람은 점자를 사용하거나 만져서 정보를 얻을 수 있어요. 손으로 물건을 만지고 느끼면서 모양과 크기를 알 수 있어요. 귀가 불편한 사람은 소리를 잘 들을 수는 없지만 진동을 더 예민하게 느낄 수 있어요. 진동으로 소리나 정보를 알려 주는 기기를 사용하거나, 냄새 등을 통해 상황을 인식할 수 있죠.

 헬렌 켈러는 시각 장애와 청각 장애를 함께 갖고 있었지만, 많은 도전과 어려움을 극복하며 살았어요. 장애인의 권리와 교육에 대한 중요성을 알리는 데 큰 노력을 기울였고, 포용적이고 공평한 사회가 필요하다는 메시지를 전달하는 데 좋은 영향을 주었어요. 헬렌 켈러가 남긴 여러 명언이 있지만 그중 가장 기억이 남는 명언을 소개해요.

> "세상에서 가장 불행한 것 중의 하나는,
> 맹인으로 태어나는 것보다 더 비극적인 일은,
> 앞은 볼 수 있으나 비전이 없는 것이다."

우리나라에는 '헬렌켈러센터'라는 곳이 있어요. 시각, 청각 장애를 함께 가지고 있는 사람들에게 교육, 복지 서비스 등을 지원하는 기관이에요. 저는 얼마 전에 헬렌켈러센터의 요청으로 시청각 장애인에게 '글을 읽고 이해하는 교육'을 한 적이 있어요. 처음 그 센터의 문을 열었을 때, 그 공간에 있는 사람들을 만났을 때의 낯선 감정을 기억해요. 대부분의 사람들은 촉수어를 하며 즐겁게 이야기를 나누고 있었어요. 저는 수어를 모르기에 그 공간에서 주고받는 이야기들을 전혀 알아들을 수 없었지요. 주로 소통하는 언어가 수어가 되니, 수어를 모르는 비장애인인 저는 소수자가 되었어요.

한편으로는 시각과 청각, 두 가지 감각이 없지만 한글을 배우고, 글을 읽고 쓰기 위해 노력하는 사람들을 보며 헬렌 켈러가 말한 것처럼 어떠한 꿈과 비전을 갖고 사는지가 더 중요하다는 생각을 했어요. 우리가 가진 다양한 감각을 활용하면 보이지 않거나 들리지 않아도 소통할 수 있어요. 하나하나의 감각이 소중하지만 설령 가지지 못한 감각이 있더라도 우리에게는 그것을 대신할 여러 감각이 존재한다는 것을 기억해요. 삶을 살아가고 희망을 꿈꾸는 데 장애는 큰 장애가 되지 않는다는 것을 기억해요.

다정한 사람이 되고 싶어

여러 방법으로
소통할 수 있어

청각 장애인을 만나 이야기할 때는 천천히, 입 모양을 정확하게 해서 이야기해요. 휴대폰 메모장이나 종이에 글을 써서 이야기를 나누는 방법도 좋아요. 시각 장애인에게는 눈에 보이는 상황을 자세히 설명해 주세요. 여기, 저기의 방향 표현은 앞이 보이지 않으면 이해할 수 없으니 왼쪽, 오른쪽 또는 12시 방향과 같이 구체적인 방향을 이야기하면 좋아요. 평소의 소통 방식과 달라 어색하겠지만, 우리가 소통하는 방법은 여러 가지라는 걸 기억하고 상대방의 소통 방식에 맞춰 이야기를 나눠 보세요.

장애인의 권리를 어떻게 지킬까?

4월 20일은 무슨 날일까?

매년 4월 20일은 무슨 날일까요? 바로 '장애인 차별 철폐의 날'입니다. 1981년부터 나라에서 기념일로 정하고 기념행사를 해 왔어요. 국민들이 장애인에 대한 바른 이해와 관심을 갖기를 바라며 정부 차원에서 기념하는 것이죠.

또한 1981년에는 '장애인복지법'이 제정되었어요. '장애인복지법'은 우리나라의 장애인 복지와 관련된 기본법이에요. 1981년 유엔이 정한 '세계 장애인의 해'를 맞이하여 우리나라도 장애인의 권리를 법으로 보장하기 위해 만들었죠. 이후에도 장애인을 존중하고 장애인의 인권을 보장하기 위해 다양한 법이 제정되었습니다. 교육, 건강, 주거, 고용 등 여러 영역에 장애인의 권리를 지키는 법이 있어요.

2006년에는 국제 조약인 '유엔장애인권리협약'이 만들어졌습니다. 이 협약은 전 생활 영역에서 장애인의 권익 보장을 위해 국가가 무엇을 해야 하는지를 담고 있어요. 우리나라는 2008년에 이 협약에 가입했고, 14년 만인 2022년 12월에 '선택 의정서'를 비준했습니다. 이제 차별받은 장애인이 유엔장애인권리위원회에

권리 구제를 요청할 수 있게 되었어요.

장애인권리협약은 국제 조약이지만 국내법과 같은 힘을 가지고 있어, 우리나라 장애인은 장애인권리협약에 따라 자신의 권리를 지킬 수 있습니다. 그뿐만 아니라, 우리나라는 4년에 한 번 유엔 장애인권리위원회에 장애인권리협약을 잘 지키고 있는지를 밝히는 보고서를 제출해야 합니다.

우리나라의 장애 관련 법은 시대별로 조금씩 변해 왔어요. 현재까지 약 20개의 법률이 만들어졌지요. 1970~1980년대에는 장애인의 권리와 사회 참여를 보장하는 법적 기반이 매우 부족했어요. 이때는 법적, 제도적으로 지원되기보다 주로 자선 단체나 복지 시설을 통해 지원되었죠.

1988년 서울 장애인 올림픽이 개최되며 장애인에 대한 관심이

● 유엔장애인권리협약 '선택 의정서'란?

장애인권리협약에 나와 있는 권리를 침해받은 개인이나 집단이 국내법이나 제도로 구제되지 않을 때 유엔장애인권리위원회에 구제를 요청할 수 있음을 밝힌 문서입니다. 우리나라는 2022년에 선택 의정서 가입 동의안이 국회 본회의를 통과하여, 102번째 비준 국가가 되었어요.

높아졌고, 1989년에 장애인 등록 제도가 만들어졌어요. 1990년에는 장애인의 일자리 확대를 위해 장애인 고용과 관련된 법이 만들어졌고, 이후 이동하는 데 편의를 돕는 '이동편의 증진법'이 만들어졌죠.

2000년대에는 장애와 관련된 법률이 많이 만들어졌는데, 이때 만들어졌던 법들은 장애인의 자립 생활 지원과 관련된 법이 많아요. 장애를 가진 사람도 자신이 원하는 일상을 보내야 한다는 인식이 자리 잡은 것이죠. 2010년대부터는 교육, 일자리, 주거, 건강 등 삶의 영역별로 필요한 개별법, 특별법 들이 만들어지고 있습니다.

장애 유형별로는 유일하게 '발달장애인법'이 있어요. 발달 장애인은 다른 장애 유형에 비해 평균 연령대가 낮아요. 10~30대의 연령대가 많다 보니 교육, 취업 등의 정책적 지원이 더욱 필요하죠. 또 다른 장애 유형의 인구는 매년 비슷하거나 줄어드는 추세이지만, 발달 장애인은 매년 7~8천 명이 늘어나고 있어요.

장애인을 위한 법과 정책, 제도는 멈춰 있어서는 안 돼요. 시대의 변화에 따라 지속적으로 발전하고 개선되어야 하죠. 장애인의 다양성을 고려해야 하고, 사회나 과학 기술의 발전에 따라 장애인의 상황과 요구가 변화할 수 있으므로 정책 또한 유연함을 가져야 해요. 한 번 만들어진 정책이 계속 유지되기보다, 정책의 효과를 지속적으로 평가하고 장애인의 의견을 반영하여 정책이 조정되어야 합니다.

우리를 숫자로 나누지 말라!

"돼지고기 등급 매기듯 우리를 숫자로 구분하지 말라!"

장애 등급제 폐지를 원하는 장애인들의 목소리입니다. 불과 몇 년 전까지만 해도 장애인은 등급, 즉 숫자로 구분되었습니다. 장애 유형별로 1급에서 6급까지 숫자로 장애 정도를 구분했죠. 장애 유형과 등급에 따라 이용할 수 있는 서비스가 달랐고요. 그런데 같은 지체 장애 1급이더라도 장애 정도와 원하는 서비스는 사람마다 모두 달라요. 한 사람 한 사람이 원하는 것을 살피지 않고, 정형화된 숫자로 기계적인 구분을 하고 유형화하는 것이 맞지 않죠. 즉, 장애인이기 전에 사람인데 등급을 매겨 서비스를 제공한다는 것 자체가 인권을 고려하지 않은 일입니다.

예를 들어 생각해 볼까요? 4학년 1반의 학생은 모두 같은 학교에 다니고 같은 반이니 원하는 게 모두 같을까요? 사람의 생김새, 성격, 경험 등이 모두 다른 만큼 잘하는 것, 원하는 것도 다를 거예요. 장애인도 마찬가지예요. 같은 장애를 가졌더라도 장애인마다 잘하는 것, 원하는 것은 모두 다 달라요. 그런데 몇 가지 단계로 나누어서 일원화된 서비스를 제공하는 것은 당연히 바뀌어야 하는 일이었죠.

정부는 이러한 장애인의 목소리에 따라 2019년 7월, 장애 등급제를 개편했습니다. 완전히 없애는 것이 아닌, 6개 등급에서 2개로 개편되는 것이었고, 단계적으로는 완전히 폐지하겠다고 약속했죠. 1급부터 6급까지의 등급은 '장애 정도가 심한 장애인(중증 장애인)'과 '장애 정도가 심하지 않은 장애인(경증 장애인)'으로 바뀌게 되었어요.

그런데 저는 표현이 조금 불편하더라고요. 장애 정도를 설명하는 용어에 '장애'라는 표현이 2번이나 등장하다 보니 장애가 더 부각되어 그 사람을 장애 그 자체로만 보게 될까 걱정이 되었고요. '심하다'는 표현이 주는 불편함도 컸어요. 저는 우리 남편의 장애가 심하다고 생각되지 않아요. 남편이 휠체어를 사용하여 이용할 수 있는 공간과 서비스만 준비된다면 남편의 장애는 눈에 보이지 않는 존재가 될 만큼 아무런 장애가 되지 않거든요. 그런데 장애 등급제가 개편되면서, 오히려 남편이 '장애 정도가 심한 장애인'이 되니 참 이상하게 느껴졌어요. 숫자로 나누지만 않았지, 역시 그 사람 자체의 장애 정도와 욕구를 담고 있지는 못한 것 같아 아쉬움이 큽니다.

 제가 아는 발달 장애인은 자신이 중증 장애인이라 취업에 어려움을 겪고 있다며 힘들어해요. 우리나라 '장애인복지법'에서 발달 장애인은 모두 중증 장애인으로 분류되는데, 사실 모든 발달 장애인이 중증 장애를 가진 것은 아니거든요. 충분히 일자리를 갖고 직장인으로 살아갈 수 있는 능력도 있고 준비도 된 발달 장애인도 많습니다. 하지만 장애 채용 경험이 없거나 장애 이해가 낮은 회사에서는 중증 장애인을 고용하는 것 자체에 걱정과 부담이 있어요. 발달 장애인이 서류상 중증 장애인으로 분류되기 때문에 취업 장벽이 더욱 높아지는 거죠. 그 사람이 가진 장점과 능력, 가능성이 장애 유형과 장애 정도에 가려져 보이지 않는다는 사실이 안타까워요. 이러한 현실이 장애 등급제가 완전히 폐지되어야 하는 이유가 되기도 해요.

평범한 집에서 보통의 일상을 살 권리

지금 우리나라에는 '탈시설' 운동이 활발하게 일어나고 있어요. 탈시설이 뭐냐고요? 탈시설이란, 시설에서 살던 장애인이 시설에서 나와 지역 사회에서 다른 사람과 같은 권리를 누리며 자유롭게 살아가는 것을 말합니다. 왜 시설에서 살고 있냐고요? 제가 먼저 물어볼게요. 여러분은 지금 누구와 살고 있나요? 대부분 가족과 함께 살고 있을 거예요. 우리는 태어날 때 누구랑 살 것인지 선택하지 않죠. 나를 보호하고 키워 주는 가족과 함께 살게 되죠.

장애인 중 일부는 시설에서 잘 모르는 사람들과 시간을 보내며 가족처럼 살아가는 사람들이 있어요. 함께 살아갈 수 있는 형편이 안 돼서 가족이 장애인을 시설에 맡겼거나, 가족이 없는 장애인이 시설에서 살아가고 있어요. 하지만 이들이 원해서 시설에서 산 것은 아니기 때문에 어른이 되어 혼자 살 수 있는 힘이 생기면, 자연스럽게 시설에서 나와 평범한 모습으로 지역 사회에서 살고 싶게 됩니다. 그런 마음이 있는 장애인에게는 시설에서 나와 살 수 있는 기회가 당연히 주어져야 하지 않을까요?

물론 어느 날 갑자기 혼자 사는 것이 어려운 사람도 있어요. 혼자 살아 본 적이 없다면 혼자 음식을 해 먹거나 빨래를 하는 살림살이가 어려울 수 있고, 혼자 있는 공간 자체가 무서울 수도 있죠. 그래서 나라에서는 장애인이 천천히 단계적으로 혼자 사는 연습을 할 수 있는 제도를 만들었어요. 바로 '그룹홈'에 살면서 일상을 돌보는 연습을 하는 거죠. 탈시설 운동이 활발해지면서 서울시에는 그룹홈 외에도 다양한 주거 지원 제도가 생겼어요.

제가 아는 발달 장애인 A 씨는 처음 만났을 때는 다른 장애인과 함께 사는 주택에서 살고 있었어요. 동료들과 함께 사는 삶도 즐겁다고 했지만 화장실, 부엌, 거실 등 함께 사용하는 공간의 규칙을 지키기 위해 노력하는 일이 쉽지 않다고 하더라고요. 지금은 완전히 독립하여 혼자 살고 있어요. 물론 활동 지원사나 주거 지원 코디네이터의 도움으로 일상을 보내고 있지요. 자립이라는 것

● 그룹홈이란?
그룹홈은 가족이 아닌 사람들이 모여 공동 생활을 할 수 있도록 한 시설로, 7인 이하의 사람들이 생활 교사와 함께 사는 집이에요. 혼자 사는 것을 경험해 보지 않은 사람들이 청소, 빨래, 요리 등을 배우며 혼자 사는 연습을 하는 곳이죠. 기본적인 집안일뿐 아니라 동네에서 이웃과 함께 사는 것도 경험하며 혼자 살 준비를 합니다.

이 모든 것을 온전히 스스로 해내는 것을 의미하는 것은 아니니까요. 주변 사람의 적절한 도움을 받아 일상을 누리는 것이 진짜 자립이죠.

A 씨는 자신만의 공간에서, 자신이 원하는 삶을 살아가는 지금이 너무 즐겁고 행복하다고 했습니다. 무엇이 가장 좋냐는 제 질문에 친구들을 집으로 초대해 함께 맛있는 거 먹으며 맥주 한잔 할 수 있는 것이 행복하다고 하더라고요. 성인이면 누구나 원하는 평범한, 보통의 일상이죠! 장애 여부와 상관없이, 내가 원하는 곳에서 내가 원하는 모습으로 산다는 것은 누구에게나 주어져야 할 권리라고 생각해요.

탈시설에 대한 생각은 국제적인 변화에서도 발견할 수 있어요. 2006년 유엔장애인권리협약에 '탈시설'이 만장일치로 채택되었어요. 앞서 이야기했던 것처럼 우리나라도 장애인권리협약 비준 국가이니 탈시설을 실행하기 위한 정책이나 제도를 마련해야 하는 거죠. 이미 2014년에 유엔장애인권리위원회는 우리나라에게 효과적인 탈시설 전략을 마련하라는 권고를 했어요. 시설에서 지역 사회로 전환하는 것은 당연한 시대적 요구입니다.

탈시설의 핵심은 자기 결정권이 수반된 주거라는 거예요. 장애인에게 다양한 주거 형태가 제시되고, 그중 자신이 가장 바라는 삶을 구현할 수 있는 집을 장애인이 선택할 수 있어야 해요. 사적인 공간과 시간이 보장되지만, 장애로 인해 고립되지 않을 수 있는 환경과 서비스가 함께 주어져야 하고요. 장애인이 시설이 아닌, 평범한 집에서 일상을 보내며 이웃으로 함께 지낼 수 있기를 바랍니다.

다정한 사람이 되고 싶어

장애인을 위한 제도에 관심을 가져

우리가 사는 세상은 빠르게 변화하고 있어요. 기술이 발전하면서 조금씩 더 편한 세상이 되고 있죠. 하지만 기술이 도입된 세상이 장애인에게 항상 편한 것만은 아니에요. 식당, 영화관, 카페 등에서 쉽게 볼 수 있는 키오스크는 장애인이 이용하기에 불편한 게 많아요. 음성으로 된 설명이 없다면 시각 장애인에게는 유리 벽과 같고 휠체어 사용자의 눈높이에 맞지 않는 키오스크도 많지요. 세상의 변화에 따라 장애인을 위한 제도, 정책도 새롭게 필요해요. 이 부분에 관심을 갖고 내가 할 수 있는 일로 동참해 보아요.

6

장애가 있어도 살기 좋은 사회

학교 가는 길이 너무 멀어

여러분은 집에서 학교까지 얼마나 걸리나요? 걸어서 가나요? 부모님 차를 타고 가나요? 아니면 대중교통을 타고 가나요? 사람마다 다르겠지만, 아마 대부분 학교가 집에서 그리 멀지 않은 위치에 있을 거예요. 그런데 학교 가는 데 버스를 타고 2시간 가까이 걸리는 친구들이 있어요. 바로 특수 학교에 다니는 장애를 가진 친구들이죠.

특수 학교는 특수 교육이 필요한 장애 학생들이 다니는 학교입니다. 보통 학교는 동네마다 있어 학생들이 집에서 가까운 학교에 편하게 다닐 수 있죠. 특수 학교는 동네마다 있는 것도 아니고 학교 수가 부족해 멀리 있는 특수 학교에 다닐 수밖에 없는 친구들이 있어요. 학교 버스를 타고 바로 학교에 가는 것이 아니라 멀리서 사는 다른 친구들을 버스에 태우고 돌고 돌아서 학교에 도착하죠. 왜 이렇게 특수 학교는 부족한 걸까요?

2017년 서울 강서구에서는 장애 자녀를 둔 부모님들이 특수 학교를 지어 달라 부탁하며 주민들 앞에서 무릎을 꿇는 일이 있었어요. '학교를 지을 수 있도록 해 달라.'며 무릎을 꿇고 눈물로 호소

하는 부모님들의 모습을 뉴스로 접하면서 저는 눈물이 날 만큼 슬펐고, 세상이 무섭게 느껴졌어요. 동네에 특수 학교가 생기는 것을 반대하는 주민들을 설득하기 위한 부모님들의 모습에 간절함이 느껴졌고, 특수 학교의 존재를 반대하는 주민들의 이기심에 무서운 마음도 들었죠. 동네 곳곳에는 '특수 학교 설립 반대' 현수막이 걸렸고, 특수 학교 설립을 반대하는 주민들은 학교가 설립되면 집값이 떨어질 수 있다며 특수 학교 대신 한방 병원 설립을 원하고 있었어요.

이런 현실을 카메라 앵글에 담은 〈학교 가는 길〉이라는 영화가 있어요. 영화에는 실제 특수 학교에 다니는 장애 학생들이 학교에 가는 여정이 담겼어요. 아침 해가 뜨기도 전에 집을 나서 학교 버스를 탄 학생들은 버스 안에서 부족한 잠을 자곤 해요. 매일 그

● 특수 학교는 누가 다니나요?

장애 학생은 특수 교육을 받아요. 장애 특성과 학생의 수준 등을 고려해 한 사람 한 사람에게 맞는 교육을 하는 것이죠. 장애 학생은 장애 학생들만 다니는 특수 학교에 가기도 하고, 일반 학교 특수 학급에서 비장애 학생들과 함께 공부를 하기도 해요. 장애 학생의 상황에 따라 고려하는데, 보통 장애 정도가 중증인 경우 특수 학교를 선택합니다.

렇게 일찌감치 일어나 오랜 시간이 걸려 학교에 가는 일은 생각만 해도 힘들 것 같아요.

특수 학교는 전국에 180여 개가 있어요. 특수 학교 재학생의 절반이 하루 1~4시간을 학교에 오가는 데 보내고 있대요. 근처에 있는 특수 학교는 이미 학생들이 꽉 차서 멀리 있는 학교에 갈 수밖에 없는 거죠. 교육을 받는다는 것, 학교에 다닌다는 것은 우리 모두에게 평범한 일상인데, 장애가 있다는 이유로 힘들게 학교에 다니는 것을 보며 어른으로서 장애 학생들에게 미안한 마음이 들었어요. 비장애 학생들이 주변의 초등학교, 중학교, 고등학교에 다니는 것이 너무나 자연스러운 일이듯 장애 학생들이 자신에게 필요한 교육을 받을 수 있는 것이 당연한 사회가 오면 좋겠어요.

장애인이 편한 사회는 모두가 편한 사회

저는 남편과 지하철을 이용할 때는 함께 엘리베이터를 타요. 엘리베이터 안에서 만나는 사람들은 장애인보다는 비장애인이 많은 편이고, 보통 어르신들이 많이 타시는 것 같아요. 나이가 들면 운동 능력이 떨어지고 무릎 등이 아프기 때문에 계단을 이용하기 어려울 거예요. 얼마 전 남편과 외출 길에 마주친 지하철 엘리베이터에 붙은 한 스티커의 메시지가 기억에 남아요.

> "우리가 편리하게 이용하는 이 엘리베이터는
> 장애인들의 요구와 투쟁으로 만들어졌습니다.
> 더 나은 세상을 위한 장애인의 요구를 비난하거나
> 혐오하지 말고 함께 살아갑시다.
> 장애인의 삶이 나아지면, 우리의 삶도 나아집니다.
> 이 엘리베이터처럼!"

고개가 절로 끄덕여질 만큼 공감이 되었어요. 엘리베이터는 휠체어를 사용하는 장애인에게 꼭 필요한 편의 시설이지만, 장애인만 이용하는 편의 시설은 아니죠. 다리가 불편한 어르신, 유아차와 함께 외출한 아이 부모, 짐이 많은 승객 등 모든 사람이 사용할 수 있어요. 그런데 생각해 보면 소수자가 겪는 일상의 불편함을 개선하기 위한 노력의 결과는 많은 사람이 편하게 누릴 수 있는 환경이 돼요.

〈장애인 이동권 투쟁 보고서 : 버스를 타자!〉라는 영화가 있어요. 사회라는 감옥에 갇힌 장애인들이 집 밖으로 나서겠다고 시작한 투쟁을 기록한 영화예요. 2001년 오이도역에서 발생한 한 장애인의 추락 사고로 시작된 장애인 이동권 투쟁의 초기 모습이 담겨 있어요. 영화는 장애인들이 지하철에 오르는 장면으로 시작해요. 한 달에 한 번도 외출하지 못하는 장애인이 전체 장애인의 16.6%였고, 한 달에 다섯 번도 외출하지 못하는 장애인은 무려 70.5%였다고 해요. 지하철을 타는 일은 비장애인에게는 너무나 평범한 일상이지만 장애인에게는 타는 것만으로 투쟁이 될 수밖에 없는 현실인 거죠.

물론 2002년에 만들어진 영화라 20여 년의 세월이 흘렀고 사회의 많은 부분이 좋아지기도 했어요. 하지만 안타깝게도 하늘을 나는 자동차가 곧 현실이 될 것이라 기대하는 지금, 이 시대에 지하철을 타기 위해, 또 버스를 타기 위해 자신의 몸을 던지며 싸우는 장애인들이 있어요.

우리, 앞에서 이야기했던 지하철 엘리베이터 스티커의 메시지를 잘 생각해 볼까요? 엘리베이터는 휠체어 사용자만을 위한 편의 시설일까요? 여러분은 지하철을 이용하면서 엘리베이터를 한 번도 이용한 적이 없나요? 아닐 거예요. 사회의 가장 약한 사람들을 위한 편의는 모두가 편하게 누릴 수 있는 환경이 되어요. 엘리베이터가 그렇고, 턱이나 단차가 없는 건물 입구가 그렇고, 물체를 탐지해 자동으로 열리는 자동문이 그래요. 약자를 위한 다정한 공간과 디자인은 모두에게 다정할 수 있어요.

부모 없이 잘 살고 싶다

부모님 없이도 살 수 있는 시간을 생각해 본 적이 있나요? 자식으로서 부모의 사랑과 도움으로 사는 것은 당연합니다. 부모의 도움에 힘입어 살 수 있지만 부모님이 안 계신다면 그 나름대로, 자신의 힘으로 살 수 있는 게 어른이 되는 자연스러운 시간의 변화예요. 하지만 발달 장애인을 자녀로 둔 부모님들은 자녀가 성인이 되었는데도 자신 없이 자녀가 살기 어려운 세상을 걱정하고 있어요. 발달 장애인을 위한 정부의 정책이나 서비스가 충분하지 않기 때문이죠.

2022년 4월, 발달 장애 자녀를 둔 부모 5백여 명이 정부에게 발달 장애인 지원 대책을 요구하며 단체로 삭발했어요. "발달 장애인에 대한 지원 서비스와 정책의 부족으로 인해 부모가 발달 장애 자녀를 살해하거나, 스스로 목숨을 끊는 비극적인 사건이 계속 반복되고 있다."며 정부의 실질적 관심을 요구한 거죠.

발달 장애 자녀를 둔 부모님들은 자신이 없어도 자녀가 행복하게 살 수 있는 사회를 꿈꿔요. 그런 사회를 만들기 위해 삭발을 하고, 무릎을 꿇으며 필요한 정책과 서비스를 만들어 가기도 해요. 최근에는 오체투지(불교에서 행하는 큰절의 형태)를 하며, 국가의 도움이 필요하다고 온몸을 던져 사회에 요구했지요. 그 자리에 함께 한 한 발달 장애인 활동가는 이런 이야기를 했어요.

"발달 장애인도 부모 없이 잘 살고 싶습니다. 저는 앞으로 엄마 없이도 잘 살 수 있을 거예요. 이런 생각을 하게 된 건 얼마 되지 않습니다. 그룹홈을 나와 자립하고, 피플 퍼스트에서 동료들과 함께 활동하고, 또 전국 탈시설 장애인 연대 공동 위원장이 되면서 그런 생각이 들었습니다. 나에게 직업이 생기고, 책임감이 생기고, 주변 친구들과 사람들이 생겼기 때문입니다. 이 사회에 내 자리, 내 위치가 분명해졌다는 생각이 들었습니다. 살아갈 이유가

생겼다는 생각이 듭니다."

발달 장애인, 특히 중증의 발달 장애인은 평생 부모의 돌봄을 받으며 살아갈 수밖에 없지만 사실은 정부의 정책이 잘 되어 있다면 부모의 도움 없이도 살아갈 수 있어요. 발달 장애인 당사자와 가족들은 그런 정부의 정책을 기다리고 있어요. 부모가 없어도 안전한 환경에서, 자신이 할 수 있는 일을 하고 주변의 적절한 도움을 받으며 살아가는 사회를 바라는 거죠.

여러분이 어른이 되면 어떨까요? 스무 살이 넘어 어른이 되고, 결혼하고 가정을 꾸렸을 때 부모님의 도움 없이도 살 수 있어야 하지 않을까요? 발달 장애인에게도 그런 삶을 살 수 있는 지원이 필요해요. "발달 장애인도 부모 없이 잘 살고 싶다."라는 발달 장애인 활동가의 바람을 우리가 함께 응원할까요?

왜 선진국일수록 장애인이 많을까?

우리나라와 미국, 영국, 스웨덴 등 선진국의 장애 출연율은 크게 차이가 나요. 장애 출연율은 국민 전체 인구에서 장애인이 차지하는 비율을 의미해요. 우리나라는 2019년 기준 장애 출연율이 5.4%인데 영국은 27.3%나 되어요. 경제협력개발기구(OECD) 회원국 평균 장애 출연율은 24.5%로 나타나지요. 왜 한국의 장애 출연율은 경제협력개발기구 회원국 평균의 4분의 1밖에 안 되는 걸까요? 장애인이 적으니까 더 좋은 걸까요?

장애 출연율에 차이가 나는 것은 장애에 대한 기준과 정의가 다르기 때문이에요. 우리나라는 의료적인 기준으로 장애를 구분하고 있어요. 비장애인을 정상의 기준으로 두고 비정상적인 외형이나 기능으로 '손상'을 가진 사람을 장애인으로 정의하죠. 우리나라와 다르게 많은 선진국들은 개인의 손상을 기준으로 두는 것이 아니라 사회적 차별의 가능성을 기준으로 둬요.

예를 들어 '비만'을 장애로 볼 것인가 생각해 본다면, 우리나라에서 비만은 장애로 보지 않아요. 하지만 미국 등 선진국에서는 비만인 경우 취업에서 불이익을 받거나 교육, 공공시설 접근, 서비스 이용 등에서 차별을 받을 수 있기 때문에 장애로 인정하고 있어요. 또 스웨덴은 외국인 이민자를 장애인으로 분류해요. 자국어가 서툴러 다른 사람과 소통하는 데 어려움이 있기 때문에 사회적 의미에서 장애로 판단하는 것이죠.

　이렇듯 선진국은 장애를 개인의 몸을 기준으로 두고 판단하는 것이 아니라 사회적으로 어떤 불편함이 존재하는지, 어떤 차별의 가능성이 있는지를 두고 결정해요. 그래서 우리나라에 비해 장애 인구가 더 많고, 더 많은 사람들이 정책과 제도 안에서 보호를 받을 수 있지요.

　2021년에 유엔무역개발회의라는 국제기구에서 우리나라를 선진국으로 분류했어요. 이제는 우리나라가 서구의 선진국들과 어깨를 나란히 할 수 있는 경제 규모를 갖추게 된 거죠. 하지만 사회 복지나 장애인 정책을 살펴본다면, 우리나라는 아직 선진국 대열에 끼기 이른 것 같아요. 적어도 장애인에게 대한민국은 아직 선진국이 아닙니다.

　우리나라는 많은 건물, 환경, 서비스에서 장애인이 스스로, 독립적으로 할 수 있는 일이 적어요. 누군가에게 도움을 청해야만 원하는 일을 할 수 있죠. 예를 들어 우리나라의 저상버스는 기사님에게 휠체어 사용자가 탑승한다는 것을 몸짓이나 큰 목소리로 알려야만 하는데, 영국에는 휠체어 사용자를 위한 승하차 버튼이 있어요. 버튼 하나로 휠체어 사용자의 승하차 의향을 간편하게 알릴 수 있는 거죠.

또 영국의 수도 런던은 저상버스 도입률이 100%입니다. 모든 버스에 휠체어가 타고 내릴 수 있는 경사로가 준비되어 있어요. 제도적으로 편의성을 높인 것과 함께 시민들의 태도도 우리나라와 많이 달라요. 버스가 도착하면 휠체어를 사용하는 승객이 가장 먼저 버스에 타도록 모두 기다린다고 합니다.

흰 지팡이를 들고 있거나 안내견과 함께 있는 시각 장애인이 버스 정류장에 있다면 버스 기사는 버스를 정차하고 버스 번호와 노선을 안내하고 좌석을 안내해 준다고 해요. 우리나라의 경우 시각 장애인이 혼자 버스를 타기는 어려운 환경입니다.

장애인을 위한 제도, 시스템뿐 아니라 장애인에 대한 사람들의 인식 등 모든 것이 부족한 우리나라지만, 조금은 희망을 가질 수 있는 것은 많은 장애인들이 예전에 비해 장애인 차별이 줄어들었다고 체감하는 것입니다. 정부에서 실시하는 '장애인 실태 조사' 결과에 따르면 '장애 때문에 차별받고 있다고 느끼는 정도'를 2014년, 2017년, 2020년에 각각 비교했을 때 시간이 흐를수록 차별 경험이 줄어들고 있다고 했거든요. 느리지만 나아지고 있다는 사실이죠.

언젠가는 '장애인 차별'이라는 표현을 쓰지 않는 날이 오지 않을까 기대하며, 장애를 기준으로 서로 구분 짓지 않는 사회가 빨리 오기를 바랍니다. 그리고 그런 사회를 만드는 데 여러분이 다정한 사람으로 함께해 주기를 희망합니다.

다정한 사람이 되고 싶어

장애가 있어도 살기 좋은 사회, 함께 만들 수 있어

장애인이 살기 좋은 사회는 어떤 사회일까요? 언제, 어떤 상황이든 장애가 문제 되지 않고 동등한 삶을 사는 사회일 거예요. 그런 사회가 되려면 장애인과 함께하는 사람들이 장애인을 어떻게 바라보고, 어떻게 대하는지가 중요해요. '장애인이 비장애인과 동등한 삶을 살 수 있는 기회가 필요하다'는 생각에 동의하고, 그런 사회가 될 수 있도록 비장애인도 함께 노력해야 해요. 장애를 가진 친구를 놀리거나 차별하는 친구가 있다면, 잘못된 행동이라는 것을 알려 주세요. 장애가 있어도 살기 좋은 사회는 우리가 함께 만들 수 있어요.

저, 질문  있어요!

장애인은 태어날 때부터 장애를 가졌나요?

모든 사람이 태어날 때부터 장애를 가진 건 아니에요. 장애는 다양한 원인에 따라 여러 시기에 발생할 수 있어요. 장애는 발생한 시기에 따라 선천적 장애와 후천적 장애로 나누어져요. 선천적 장애는 태어날 때부터 장애를 갖고 있는 거예요. 태아 발달의 문제, 유전적 요인, 출생할 때 합병증 또는 선천적 질병으로 발생할 수 있어요. 후천적 장애는 살면서 발생한 장애를 말해요. 교통사고, 질병, 약물 부작용 등으로 발생할 수 있죠.

　우리나라는 3년마다 '장애인 실태 조사'를 해요. '2020년 장애인 실태 조사'에 따르면 장애인 중 약 20%가 선천적 장애를 가졌고, 나머지 80%는 후천적 질환이나 사고로 인하여 장애를 가집니다. 특히 후천적 원인 중 질환(43.6%)이 사고(36.4%)보다 더 높게 나타났어요. 그 이유는 후천적 장애 비율이 높은 지체 장애(88.2%), 뇌병변 장애(83.8%), 시각 장애(75.9%), 청각 장애(77.8%) 등은 나이가 들면서 만성 질환, 노인성 질환 등에 의해 생길 수 있기 때문이에요.

　당뇨병, 관절염, 백내장, 난청, 뇌졸중 등은 나이가 들면서 많은 할머니, 할아버지가 갖게 되는 질병인데, 이런 병이 장애를 갖게 할 수 있어요. 예를 들어, 나이가 들면서 점점 귀가 안 들려 청력 검사를 했는데 청력 기능이 많이 떨어져 보청기가 필요하다면 청각 장애를 갖게 되는 거죠. 또 뇌졸중으로 인한 편마비가 발생했는데 치료나 재활을 열심히 해도 뇌졸중 발생 이전으로 돌아갈 수 없다면 뇌병변 장애를 갖게 되고요. 이렇듯 나이가 들면서 갖게 되는 몸의 변화나 건강 문제로 인해 장애는 누구나 가질 수 있게 돼요.

장애인의 연령 분포를 보면 장애인 중 78.6%가 50대 이상이에요. 비장애인으로 생활하다 나이가 들면서 장애를 갖게 되는 사람이 훨씬 많은 것이죠. 또 한편으로는 선천적 장애였거나 어린 나이에 장애가 발생해 오랜 기간 장애인으로 살아오면서 노인이 되는 사람도 있어요. 이런 경우 장애를 가진 상태에서 노화를 경험하게 되는데, 특히 장애인은 비장애인에 비해 이른 시기에 노화를 경험하기 때문에 이들에게 맞는 정책과 서비스가 필요해요.

장애인은 불편한 몸으로 어떻게 생활하나요?

장애인은 사람마다 불편한 정도가 모두 달라요. 장애 유형이나 장애 정도도 영향을 미치지만, 개인의 상황이나 환경에 따라서도 다르죠. 장애가 있지만 아무런 불편함 없이 생활하는 장애인도 있고, 일상에서 매 순간 보조 기기나 타인의 지원이 필요한 사람도 있어요. 중요한 것은 장애로 인한 불편함이 있더라도 비장애인과 동등한 삶을 살 기회가 있어야 한다는 거예요. 이를 위해 나라에서 장애인을 지원하는 정책, 서비스 등이 있어요.

장애 학생은 특수 교육을 받아요. 장애인 한 사람 한 사람에게 맞는 교육 계획을 세우고 장애 정도나 특성 등을 고려하여 교육을 제공하죠. 성인이 된 장애인은 취업을 준비합니다. 자신이 원하는 직업을 찾아 훈련을 받고 정부나 민간의 일자리 지원 사업을 통해 일을 하죠. 취업이 어려운 중증 장애인의 경우, 낮 활동이나 돌봄 서비스가 제공되는 기관에서 다양한 프로그램에 참여합니다.

또한 기본적인 일상생활을 위해서는 장애 유형에 맞는 보조 기기가 필요해요. 걷기 어려운 사람이 사용하는 휠체어처럼, 보고 듣는 것 말고 다른 방식으로 정보를 접하고 이야기를 나눌 수 있도록 도와주는 기기가 있죠. 장애를 가졌지만, 장애인에게 필요한 보조 기기가 주어지거나 환경이 갖춰진다면 덜 불편하게 생활할 수 있어요.

보조 기기뿐만 아니라 장애인의 일상생활, 사회 활동을 돕는 '장애인 활동 지원' 제도도 있습니다. 장애인에게 1:1로 활동 지원사가 지원되어 식사, 가사 활동, 외출 등 다양한 일상생활을 도와줍니다. 가족의 돌봄 부담을 낮추고 장애인이 원하는 활동을 독립적으로 할 수 있기 때문에 많은 장애인에게 꼭 필요한, 중요한 서비스 중 하나입니다.

예전에 비해 장애인을 위한 정책이나 서비스가 더 많아지고 있지만 아직 많이 부족합니다. 무엇보다 장애인 한 사람 한 사람은 모두 다른데, 서비스는 똑같이 주어지는 경우가 많아요. 그래서 요즘에는 '개인별 지원 계획'이나 '개인 예산 제도'처럼 한 사람 한 사람의 환경과 요구에 맞추는 맞춤형 서비스의 필요성이 제기되고 있어요.

장애를 가졌으니 일하기 어렵나요?

장애를 가진 사람도 충분히 일할 수 있어요. 장애 여부와 상관없이 모든 사람은 다양한 능력과 잠재력이 있어요. 장애인의 강점, 직업 욕구, 장애 특성 등을 고려한 직업 기회가 주어지고, 장애인이 일할 수 있는 환경이 준비된다면 충분히 직업을 가질 수 있죠. 실제로 많은 사람이 장애를 가지고도 성공적인 직장 생활을 하고 있어요.

　우리나라에는 장애인이 일할 수 있도록 지원하는 제도가 있습니다. 우선 장애인은 직업을 갖기 위해 자신이 무엇을 좋아하고 잘하는지 진로 검사나 직업 평가 등을 통해 직업적 강점을 찾을 수 있어요. 자신이 원하는 진로를 선택했다면 해당 직무를 잘할 수 있도록 교육, 훈련 등을 받아요. 이력서나 자기소개서 작성, 면접 준비 등에 도움을 받아 취업하고, 취업한 곳에서 잘 적응하고 일하도록 취업 후 적응 지원 프로그램도 있습니다.

　또한 취업한 장애인은 '근로 지원인 서비스'를 이용할 수 있어요. 업무에 필요한 핵심 업무 수행 능력을 갖추고 있으나 장애로 부수적인 업무를 하는 데 어려움을 겪는 중증 장애인 근로자가 근로 지원인의 도움을 받아 업무를 할 수 있는 제도입니다. 예를 들어, 휠체어 사용을 하는 장애인이 일을 하면서 높은 곳에 있는 물건을 꺼내기 어려울 때, 청각 장애인이 업무 전화를 받기 어려울 때, 시각 장애인이 외부 출장을 갈 때 등 여러 상황에서 근로 지원인이 1:1로 배치되어 장애인의 업무를 도와요.

그뿐만 아니라 우리나라에는 장애인 고용 확대를 위해 공공 기관, 기업 등은 장애인을 의무적으로 고용해야 하는 제도도 있습니다. 2023년 기준 전체 직원 중 민간 기업은 3.1%를, 공공 기관은 3.6%를 장애인 직원으로 고용해야 합니다. 기준을 초과하여 장애인을 고용한 사업주에게는 고용 장려금을 지급해 장애인 고용을 더 많이 하도록 독려하고 있지요.

이렇듯 여러 가지 취업 지원 제도를 통해 장애인이 가진 직업적 재능을 발휘할 수 있습니다.

발달 장애인도 성인이 되면 똑같이 투표를 하나요?

우리나라는 만 18세 이상의 성인이라면 누구나 1표를 행사할 수 있는 선거권을 가져요. 발달 장애인도 똑같습니다. 하지만 아직 발달 장애인이 투표할 수 있는 환경이 제대로 갖춰져 있지 않아, 발달 장애인이 자신의 선거권을 행사하기에는 몇 가지 어려움이 있어요.

　여러분은 학교에서 반장 선거, 회장 선거 등을 해 본 경험이 있을 거예요. 어떤 사람을 반장, 회장으로 뽑았나요? 반장, 회장이 되었을 때 우리 반이나 우리 학교를 위해 열심히 일할 친구를 뽑았을 거라 생각해요. 반장이 된다면, 회장이 된다면 이러이러한 학교의 변화를 만들겠다 약속하는 내용, 즉 공약을 보고 투표를 하죠.

　국회 의원 선거, 대통령 선거도 비슷합니다. 우리 동네를 위해, 우리나라를 위해 열심히 일할 후보자에게 투표하죠. 하지만 발달 장애인은 후보자의 공약을 이해하기 어렵기 때문에 자신이 가진 1표를 제대로 행사하지 못하고 있다고 합니다. 후보자의 공약에 어려운 표현이 가득해, 후보자가 어떤 공약을 내세우고 있는 건지, 우리 동네와 우리나라에 도움이 되는 후보자가 어떤 사람인지 판단하기 어렵다는 거죠. 공약을 이해하기 어렵기 때문에 공약이나 정책이 아닌 다른 기준으로 사람을 뽑는 경우가 많아요. 악수를 해 본 사람, 얼굴이 익숙한 사람, TV나 인터넷에 많이 나오는 사람 등을 뽑는 거죠. 또 어떤 발달 장애인은 부모님이 지지하는 후보에게 투표하라고 강요하는 것이 싫어, 아무나 찍었다고 했어요. 그래서 어떤 사람에게 투표했는지 기억나지 않는다고 말했죠.

발달 장애인이 자신의 1표를 행사하기 위한, 유권자로서의 투표권을 제대로 보장받기 위한 제도적 준비가 아직 안 된 것이죠. 발달 장애인 단체에서는 시각 장애인 유권자에게 점자나 음성으로 된 공보물을 제공하는 것처럼 발달 장애인에게도 쉬운 공보물을 달라고 몇 년째 요구하고 있습니다. 또한 글을 잘 모르는 사람들이 투표를 할 수 있도록 투표 용지에 후보자의 사진과 정당의 로고를 넣어 달라는 것도 함께 요구하고 있지요. 발달 장애인의 참정권이 여느 유권자들처럼 동등하게 보장받기 위해 사회의 변화가 필요합니다.

장애인에 대한 편견을 어떻게 없앨 수 있을까요?

우리 사회에는 장애인에 대한 잘못된 생각이 아직 많아요. "장애인은 도움 없이 혼자서는 아무것도 못하는 사람이다.", "장애인과 비장애인은 완전히 다른 사람이다." 이런 생각이 장애인에 대한 대표적인 편견이죠.

　휠체어를 사용하는 친구가 있어요. 얼핏 생각하면 "휠체어를 타니까 놀이터에서 같이 못 놀 거야."라고 이야기할 수 있지요. 하지만 휠체어를 타는 것은 못 걷는 것이 아니라 휠체어를 타는 방식으로 걷는 것이고, 휠체어를 탄 사람이 이용할 수 있는 놀이기구가 있다면 얼마든지 함께 놀 수 있어요.

　또 말 대신 수어로 소통하는 친구를 보면 "이 친구는 말을 못 하는 친구야."라고 생각하는 것도 편견이에요. 말을 못 하는 것이 아니라, 수어라는 손짓 언어를 사용하고 또 글로 이야기를 나눌 수 있는 것이죠.

　비장애인을 기준으로 두고 장애인이 무언가를 못 하는 사람이라고 생각하는 것 자체가 편견일 수 있습니다. 한 사람, 한 사람이 가진 고유의 특성과 개성을 존중하듯이 다양한 모습으로 다양하게 생활하는 장애인의 모습도 그 자체로 존중해야 해요.

　장애를 가진 사람을 '장애인'으로 묶어 모두 같은 사람이라고 생각하는 것도 대표적인 편견이에요. 언젠가 어떤 사람이 저에게 고민을 털어놓은 적이 있어요. 자신은 오지랖이 넓은 편이라 도움이 필요한 사람을 보면 그냥 지나치지 못하는데, 어느 날 길에서 만난 장애인 분이 도움이 필요해 보여서 "혹시 도움이 필요하세요?"라고 물었는데 그분이 "장애인이면 다 도움이 필요하다고 생각해요?"라며 화를 냈다는 거예요. 맞아요. 장애인이라고 다 도움이 필요한 것은 아니고, 그렇게 생각하는 것은 잘못이죠. 하지만 무조건적으로 도와준 것도 아니고 도움이 필요하냐는 질문에 화를 내는 것은 좋은 태도로 보이지 않아요.

그분은 자신이 앞으로 장애인을 만나면 어떻게 해야 할지가 고민이라고 했어요. 저는 "모든 장애인이 화를 내지는 않을 거예요. 그러니 보기에 도움이 필요해 보이면, 늘 그랬던 것처럼 물어보고 도와드리면 돼요."라고 했어요. 여러분도 기억하면 좋겠어요. 내가 만난, 내가 아는 장애인을 모든 장애인으로 묶어서 바라보지 않고 한 사람으로 바라봐야 한다는 것을요.

장애인에 대한 편견은 장애인이 보통의 일상을 보내는 데 큰 걸림돌이 되어요. 학교에서 공부하는 것, 직장에 취업해서 일을 하는 것 등도 장애인의 다양성을 고려해 환경만 마련된다면 충분히 가능한데, 장애인에 대한 편견으로 기회조차 주어지지 않는 것이죠. 사람은 누구나 자신만의 능력과 가능성을 갖고 있는데, 장애를 가졌다는 이유로 그러한 능력과 가능성을 확인할 수 없다면 차별이에요.

그렇다면 장애인에 대한 편견을 어떻게 없앨 수 있을까요? 장애인에 대해 바르게, 잘 아는 것이 중요해요. 장애와 관련된 책이나 영화 등을 봐도 좋고, 장애를 가진 친구와 친하게 지내며 일상에서 많은 경험을 함께해 봐도 좋아요. 함께 생활하다 보면 어느새 서로를 더 잘 이해하고 존중하는 마음이 생길 거예요. 그리고 무엇보다 장애인과 함께하는 일상이, 모든 사람과 함께하는 일상과 다르지 않다는 것을, 누구나 그렇듯 타인과 함께하는 것은 때론 불편하고 때론 사랑스러운 일이라는 것을 경험할 수 있을 거예요.

다정한 하루 1_장애

학교 가는 길이 너무 멀어

초판 1쇄 발행 2024년 4월 5일 | **초판 2쇄 발행** 2024년 6월 20일
글 백정연 | **그림** 김규택 | **편집** 이해선 | **디자인** 하늘·민 | **제작** 세걸음
펴낸곳 다정한시민 | **펴낸이** 이해선 | **출판신고** 2024년 3월 4일 제 2024-000039호
주소 경기도 고양시 일산동구 호수로 672 대우메종리브르 1105호 | **전화** 070-8711-1130
팩스 070-7614-3660 | **이메일** dasibooks@naver.com | **블로그** blog.naver.com/dasibooks

인쇄·제본 상지사 P&B

ⓒ 백정연 2024
ISBN 979-11-987002-1-6 (74330) | 979-11-987002-0-9 (세트)

이 책은 저작권법에 따라 보호받는 저작물이므로 저작권자와 출판사의 허락 없이 이 책의 내용을 복제하거나 다른 용도로 쓸 수 없습니다.
책값은 뒤표지에 있습니다. 잘못된 책은 바꾸어 드립니다.
KC마크는 이 제품이 공통안전기준에 적합하였음을 의미합니다. | 사용 연령: 7세 이상 | 종이에 베이거나 긁히지 않도록 조심하세요.